Vivimos en el momento más grande de la historia. Dios se está moviendo en las naciones de la tierra de una forma que no tiene precedentes. Y al mismo tiempo toda una generación anhela conocer su propósito. Formas parte, y muy importante, del plan de Dios para las naciones de la tierra. Es por eso que tiene tanta importancia que camines en su llamamiento, que estés en línea con la voluntad de Dios para tu vida. *Vive antes de morir* contiene un mapa para todo creyente dispuesto a descubrir qué es lo que Dios tiene reservado para su vida, a fin de que pueda participar de esta gran hora de la historia. En forma práctica, inspiradora y con asombrosos pensamientos y revelación, Daniel Kolenda trata todas esas preguntas que tenemos respecto de nuestro propósito. Kolenda tiene un estilo de comunicación que atrae y motiva, y llama a los creyentes a entregarse por completo al llamamiento de Dios. Este libro no es para miedosos. Es un llamado radical a consagrarse de corazón, por completo. Dios quiere tu vida completa, pero para descubrir tu propósito necesitas entregarte del todo. Tu vida tiene como propósito cambiar el rumbo de la historia mundial. El propósito de Dios es así de elevado.

—Banning Liebscher
Director de Jesus Culture

Vive antes de morir será de gran bendición para todo el que lo lea. En más de cincuenta años de ministerio he descubierto que la pregunta que más veces formulan las personas se relaciona con la voluntad de Dios para sus vidas. Daniel Kolenda ha vertido en un libro todo lo que el buscador sincero necesita saber al respecto. Sus inspirados escritos nos lo explican con una sencillez única, y nos presentan claramente el camino para seguir la voluntad de Dios, disfrutarla y cumplirla. Recomiendo sin reserva este libro a todo el cuerpo de Cristo, sean jóvenes o ancianos. Prepárate para leer algo que cambiará tu vida.

—Dr. Tony Stone
Evangelista y maestro internacional

¡Daniel Kolenda entiende lo que es vivir y andar en la voluntad de Dios! Estaba en el centro de esa voluntad cuando estudiaba en nuestra escuela de ministerio hace ya trece años, y sigue estándolo Dios hoy guiando a millones de personas de todo el mundo a Jesús. La sabiduría práctica de este libro te ayudará a descubrir la maravillosa voluntad de Dios para tu vida y te dará la capacidad para que avances por ese camino con pasión. ¿Quién sabe lo que el Señor tiene planeado para ti?

—Dr. Michael L. Brown

Presidente de la Escuela de Ministerio FIRE, Concord, North Carolina

Daniel Kolenda, al igual que muchos autores, ha logrado expresarse como un artista. Su obra no es un dibujo abstracto hecho con un lápiz sin definición. Su nuevo libro me recuerda al trabajo sobre un lienzo en el que cada pincelada crea un nuevo estallido de color que vuelca lo que hay en su alma. Y en cada capítulo expresa más del o que siente y que quiere que sepamos sobre el llamado de Dios y su voluntad para nuestras vidas.

Como graduado de la Escuela de Ministerio Brownsnville Revival, Daniel Kolenda ha estado ya hace tiempo en mi radar. Yo creo que surge como una voz que contribuirá a definir la evangelización en este siglo veintiuno.

—Pastor John Kilpatrick

Fundador y presidente de John Kilpatrick Ministries, Daphne, Alabama

Daniel Kolenda tiene una pasión ferviente por predicar el evangelio de Jesucristo, un verdadero llamado a evangelizar. Su vida y su ministerio reflejan la potente dinámica de un hombre que se rinde a la voz del Espíritu Santo. Hace varios años que lo conozco y soy testigo presencial de la forma en que se ha entregado a predicar el evangelio, en todo el mundo, llamando a multitudes de personas a la gracia salvadora de Jesucristo.

En este libro poderoso, aunque en tono coloquial, Daniel Kolenda revela el corazón de Dios para quien quiera oír y obedecer la voz del Espíritu Santo. Con gran entendimiento y autoridad expresiva, su libro te llevará a entender el propósito eterno de responder al llamamiento de Dios a tu vida y a tu ministerio.

—Evangelista Nathan Morris

Fundador y presidente de Shake the Nations Ministry,
Rotherham, Reino Unido

¡No se me ocurre tema más relevante que la voluntad de Dios! Hay mucha gente que pasa toda su vida en constante inseguridad, sin conocer la voluntad de Dios para ellos. Siendo un joven que obviamente ha podido descubrir el plan de Dios para él, Daniel Kolenda es la persona ideal para escribir sobre el tema. Sin duda este libro llevará claridad al que esté confundido; y te ayudará a confirmar el propósito de tu vida. ¡Me agrada este hombre, su ministerio y su libro!

—Pastor Jonathan Stockstill
Bethany World Prayer Center, Baton Rouge, Louisiana

Mi alma se alegra mucho al ver una nueva generación de hombres y mujeres de Dios —santos, humildes, ungidos—, que van surgiendo. Daniel Kolenda tiene celo y pasión por Jesús en su corazón, así como la unción para comunicar el mensaje del evangelio con tanta fuerza, con tanto fuego. He conocido a mucha gente que se dice "evangelista", pero pocas veces me he cruzado con quienes de veras entienden lo que significa ese llamamiento. Este joven es uno de ellos.

El libro *Vive antes de morir*, de Daniel Kolenda, es un llamado de alerta, un mapa práctico para el que anhela salir de una vida vacía e insensata y, en vez de ello, hacer que su existencia cuente para la eternidad. Prepárate para oír cómo te habla Dios ¡y para actuar en consecuencia!

—Evangelista Steve Hill
Fundador y presidente de Steve Hill Ministries, Irving, Texas

Cuando me preparo para predicar empleo muchos recursos en cuanto a "cómo hallar la voluntad de Dios", pero este libro es sin duda alguna el más completo y práctico que he hallado. Daniel Kolenda profundiza en este tema vital, pero lo hace de modo que al lector le resulte fácil de leer y entender. Está lleno de vívidas ilustraciones, tanto de las Escrituras como de su propia experiencia. Mi único problema fue que no pude leerlo rápido; tenía que detenerme a menudo para reflexionar en los novedosos conceptos o desafíos que iban apareciendo, uno tras otro.

—Pastor Wayne Hilsden
King of Kings Community, Jerusalén

VIVE antes de morir

[Despierta a la voluntad de Dios para tu vida]

VIVE antes de morir

DANIEL KOLENDA

Presidente de Cristo para todas las naciones

www.EditorialNivelUno.com

Para vivir la Palabra

Para vivir la Palabra

Publicado por:
Editorial Nivel Uno, Inc.
3838 Crestwood Circle
Weston, Fl 33331
www.editorialniveluno.com

ISBN: 978-1-941538-08-1

Desarrollo editorial: *Grupo Nivel Uno, Inc.*
Adaptación del diseño al español: *Grupo Nivel Uno, Inc.*

Publicado en inglés con el título de: *Live Before You Die* por *Daniel Kolenda*
Published by Passio
Charisma Media/Charisma House Book Group
600 Rinehart Road
Lake Mary, Florida 32746

Impreso en Colombia

15 16 17 18 19 20 LBS 9 8 7 6 5 4 3 2 1

DEDICACIÓN

A mis cuatro hijos maravillosos, en quienes me complazco:
Elijah, Gloria, London y Lydia.

Me preguntaron para quién escribía este libro.
Y lo cierto es que lo escribí para ti.
Pensé en ti todo el tiempo, mientras agonizaba con cada capítulo.
Oré a Dios para que me ayudara a escribir lo que él quería
que yo les dijera —a ti y a cada uno de los que lo lean—,
en tanto emprenden la jornada de sus vidas en la que
descubrirán la voluntad de Dios a fin de cumplirla.
Estoy impaciente por ver qué es lo que Dios tiene reservado
para cada uno. Recuerda: "A todo el que se le ha dado mucho,
se le exigirá mucho".

ÍNDICE

Reconocimientos xiii
Nota para el lector xv
Prefacio xvii
Introducción 1

Primera parte. Cinco cuestiones básicas acerca de la voluntad de Dios

1. ¿En verdad tiene Dios un plan para mi vida? 11
2. ¿Entendí mal la voluntad de Dios? 21
3. ¿Cómo reconozco cuál es la voluntad de Dios? 35
4. ¿Qué pasa si Dios me llama a algo que no quiero hacer? 47
5. ¿Y si dejé pasar la voluntad de Dios para mí? 55

Segunda parte. Cinco secretos para descubrir la voluntad de Dios

6. Secreto N° 1. El reino viene primero 63
7. Secreto N° 2. Someter la propia voluntad 79
8. Secreto N° 3. Oír la voz de Dios 89
9. Secreto N° 4. Para subir hay que bajar 99
10. Secreto N° 5. ¡Actuar! 103

Tercera parte. Cinco enemigos de la voluntad de Dios para tu vida

11. Enemigo N° 1. El bandido de la pereza 113
12. Enemigo N° 2. El cementerio del miedo 121
13. Enemigo N° 3. El veneno de la incredulidad 125

14. Enemigo N° 4. El sedante de las excusas 131
15. Enemigo N° 5. La hechicería de la rebeldía 143

Cuarta parte. Cinco preguntas persistentes sobre la voluntad de Dios

16. Si encuentro resistencia, ¿estoy fuera de la voluntad de Dios? 149
17. ¿Cómo voy desde donde estoy hacia donde Dios quiere que esté? 157
18. ¿Y qué hago mientras voy buscando la voluntad de Dios? 163
19. ¿Qué pasa si hace mucho tiempo que estoy esperando? 171
20. ¿Cómo logro permanecer en la voluntad de Dios? 179

Notas 193

RECONOCIMIENTOS

Un libro no se escribe en el vacío. Son muchas las personas que me ayudaron a concretar este proyecto para que fuese realidad. Quiero expresar mi más profundo aprecio a:

Mi bella esposa Rebekah. Eres la inspiración que me mueve, el puerto seguro que me da refugio y el ancla que me mantiene firme. Gracias por el sacrificio que haces por la obra del evangelio. Estoy seguro de que tu recompensa en el cielo será mayor que la mía. ¡Te amo, mi amor!

Mis cuatro hijos maravillosos: Elijah, Gloria, London y Lydia. Puedo ver la mano de Dios en cada una de sus preciosas vidas. Escribí este libro en gran parte como epístola para ustedes; muchas de las lecciones que contiene las aprendí de ustedes. Son para mí un tesoro, ¡más preciado que la vida!

Mis padres, que invirtieron en mí, que influyeron en mí más que nadie. Sus palabras y su sabiduría están siempre conmigo. Gracias por el impecable ejemplo de integridad, sinceridad y auténtica devoción a Cristo que me dieron.

Mis cuatro hermanas: Sarah, Stephanie, Kimberly y Michelle. He compartido la vida con ustedes como con nadie más y aprendí muchísimo. Me son tan preciosas. Podría dedicar un libro a cada una de ustedes.

Mi mentor, amigo y padre espiritual, el evangelista Reinhard Bonnke. Me has impartido tu propia vida. Te debo tanto, jamás podré pagarte todo lo que te agradezco. Este libro está repleto de lecciones que aprendí de ti. Los amo, a ti y a Anni. ¡Gracias!

Mis héroes Peter y Evangeline van den Berg. No se puede describir lo que han hecho por CfaN [Cristo para todas las naciones] y por mí. Su sacrificio y su humildad no tienen igual. Gracias por el profundo impacto que han hecho en mi vida.

Mi mejor amigo Russell Benson. Desde que nos conocimos en Burger King en la adolescencia hemos sido inseparables, como David y Jonatán. Dios te ha usado para ayudarme a descubrir su voluntad con mi vida. Te agradezco tu fiel amistad.

El equipo mundial de CfaN. Los amo tanto como a mi familia. Estamos unidos por una pasión común por la cosecha, pasión que nos consume. Seguiremos "despojando al infierno y poblando al cielo en nombre del Calvario".

Todo el personal de Charisma Media. Ha sido un gran placer trabajar con ustedes. Gracias por su excelente espíritu.

John Shiver, por su invalorable ayuda con este libro. Nuestra sociedad es por designio divino.

Mi Señor y Salvador Jesucristo. No bastan las palabras, por lo que te entrego mi vida entera, solo para decir: "Te amo".

NOTA PARA EL LECTOR

Encontrarás códigos QR en varios lugares de este libro.

Son códigos de barra para teléfonos celulares inteligentes, con acceso directo. Con cada uno de estos códigos accederás directamente a videos y lecciones adicionales que exploran y amplían los conceptos que trataremos en *Vive antes de morir.*

Escanea el código QR

o visita
Livebeforeyoudiebook.com

No importa si no sabes usar estos códigos QR, porque es muy fácil acceder a la información. Si tienes un *smartphone* puedes descargar la aplicación de lectores de códigos QR (hay muchos que son gratis) y simplemente escanear los códigos para acceder al material adicional. Pero si no tienes un *smartphone*, no te preocupes. Cada código QR tiene debajo un vínculo de Internet que te llevará al mismo contenido especial. O visita livebeforeyoudiebook.com, y haz clic sobre los vínculos.

PREFACIO

Así podrán comprobar cuál es la voluntad de Dios, buena, agradable y perfecta.

Romanos 12:2

A la doctrina del comunismo se la conocía como Diamat [*mat*erialismo *dia*léctico]. Karl Marx y Friedrich Engels, fundadores del socialismo, enseñaban que la historia era un interminable proceso dirigido por los conflictos humanos. Cada suceso daba origen a su opuesto, luego luchaban uno contra otro, para entonces conciliar ambas partes, y el proceso volvía a repetirse. Creían que al final surgiría el estado perfecto. Este no necesitaría leyes y se alcanzaría la perfección. Si no aceptabas el camino comunista se te descartaba por ser reaccionario, por lo que quedabas atrás por no acompañar su inevitable desarrollo. Pero el Diamat, sin embargo, era todo lo contrario a lo que se veía en la vida real.

El cristiano también cree que la historia es un proceso, aunque no en virtud del Diamat. *La historia avanza por voluntad de Dios.* Todo está bajo su suprema autoridad, incluso el rebelde. Aunque las personas incuestionablemente violen la voluntad de Dios dentro de determinados límites, el propósito principal de la historia sigue avanzando "conforme al designio de *su* voluntad" (Efesios 1:11, énfasis añadido por el autor). No hay opción. Este universo es de Dios y la historia es "su historia". Todo marcha tal como él hace que opere.

Con todo, Dios hizo al hombre a su imagen, lo que significa que tenemos poder para elegir, decidir, qué hacer o hacia dónde ir. Nuestra voluntad es independiente, libre y "soberana". Es esta propia voluntad la que nos distingue de los animales y nos hace humanos.

El propósito de Dios era que los hombres y las mujeres decidieran andar con él, no solo en el aspecto físico, sino también en lo moral. Porque Dios nos diseñó para que reflejáramos su maravillosa naturaleza y la Biblia establece que "Dios es amor" (1 Juan 4:8). Dios no tiene egoísmo, rebosa en sí mismo continuamente como el sol, dándonos siempre luz y calor. Si el ser humano se hubiera conformado a esa imagen, habría creado armonía en el universo puesto que Adán era amo y señor de la creación de Dios.

Dios hizo a Adán a su propia imagen con el potencial de que fuese como Dios en naturaleza y carácter *por decisión propia*, no a la fuerza. Dios no quería forzar a las personas a amar, ni formarlas para que no pudieran odiar, ni protegerlos mecánicamente contra el egoísmo. Dios siempre quiso que el ser humano tuviera libre albedrío para elegir el camino de él.

Dios quiso que los humanos usaran su libre voluntad como un don para administrar y gobernar la tierra en lugar de él. Pero si esa voluntad se emplea mal, puede tornarse peligrosa. Por desdicha, Adán fue víctima de su propio libre albedrío: decidió contrariar la voluntad de Dios. Hubo un choque entre la voluntad de Dios y la humana, por lo que el mundo cayó y se hizo injusto. Esta es la esencia de lo que llamamos pecado. Es la tensión entre el Creador y sus criaturas. Vivimos ahora dentro de ese conflicto entre la voluntad de Dios y la del hombre.

Muchas veces la gente formula algo así como un acertijo: Si la voluntad de Dios es suprema, ¿cómo podemos ser libres? Si Dios sabe todo lo que va a suceder, ¿cómo podemos cambiar el futuro con nuestra voluntad? Para algunos la respuesta es que no tenemos, en realidad, libre albedrío. Hay otros que incluso llegan a decir que no hay libertad alguna, que todo lo que pasa es lo que Dios quiere y decide. A eso se le llama fatalismo. En esa filosofía estás a salvo, hasta que llega la bala que tiene tu número. Los musulmanes lo llaman *kismet*, eso que indica que todo lo que sucede es según la voluntad de Alá. Que el destino es fijo, ya está establecido. También los griegos hablaban de los "Destinos" que iban tejiendo el futuro. Hubo otros pensadores antiguos que afirmaban que todo ya estaba establecido y que se repetiría una y otra vez, por siempre. En estas variadas formas, los humanos han ido tratando de responder cómo es que "la voluntad de Dios" puede coexistir con el "libre albedrío" humano.

Sin embargo la solución bíblica es bastante simple. Dios mismo le dio al ser humano el libre albedrío y la manera en que Dios hace que opere su voluntad con la libertad del hombre no resulta un problema para él. Para nosotros sí lo es, porque no podemos ver todo el tiempo y toda la eternidad a la vez, como Dios. Él es perfecto, lleno de gozo y su voluntad dirige la creación mientras pone en obra sus propósitos. Dios lleva la historia desde su condición pecaminosa a la perfección sin pecado, a la felicidad en Cristo. La voluntad de Dios es traer de vuelta a la creación toda a la gloriosa armonía con su Hijo, Jesús.

Jesús reinará como Rey de reyes. Eso significa que su consejo prevalecerá; su misericordia, su bondad y su amor regirán y llenarán toda la tierra. Los reyes se ocupan de los asuntos cotidianos pero el Rey de reyes gobernará a los monarcas y por eso no habrá legislación que carezca de su sabiduría y su justicia. Esperamos ese día en que se cumpla a la perfección la voluntad de Dios "en la tierra como en el cielo" (Mateo 6:10).

Mientras tanto aquí en la tierra no se cumple la perfecta voluntad de Dios. Porque incluso Jesús declaró que habría salvado a Jerusalén, pero que la gente no le dejó hacerlo (Mateo 23:37). Es por eso que nos enseñó a orar que se haga su voluntad en la tierra.

Sabemos cuál es su voluntad porque él nos la ha revelado. No es algo que Dios mantenga en secreto. Nos la ha revelado en su Palabra. Y aunque por un lado los maravillosos caminos de Dios no pueden entenderse, él vino a nosotros, a nuestro mundo dispuesto a que lo inspeccionaran e investigaran. Dios entabló una relación con nosotros por medio de su Hijo y nos muestra sus planes en su Palabra. Como dijo Pablo: "… en abundancia con toda sabiduría y entendimiento. Él nos hizo conocer el misterio de su voluntad" (Efesios 1:8-9). El Dios verdadero no quiere que su voluntad sea un misterio para nosotros.

Sin embargo Dios nos permite elegir, decidir, con libre albedrío. Hay quienes dicen que él tiene un plan y un plano detallado para cada vida. No sé de dónde viene esa idea pero está muy difundida, es casi una epidemia. Este tipo de pensamiento ha hecho que muchísimos cristianos se queden de brazos cruzados esperando que Dios "les revele" su plan específico para ellos. Sí, Dios nos guía pero *solo a medida que nos movamos*. Dirige *nuestros caminos*, ¡no los de él! Respeta nuestra voluntad. No entiendo a la gente que supone que es muy difícil conocer la voluntad de Dios para su vida. ¿Es así Dios? Si llamas a un plomero o fontanero para que haga un trabajo y viene a hacerlo, ¿no le dirías qué es lo que necesitas que haga? ¿O te quedarías allí sin decir nada esperando que día a día pueda adivinar qué es lo que hay que hacer?

También hay quienes se preguntan por qué Dios no responde a sus oraciones ni les muestra su exacta voluntad para su vida. No ven que quizá ya están haciendo lo que Dios quiere que hagan. Suponen que Dios tiene que tener algo más, algo más grande, más espectacular. Pero lo que Dios realmente quiere es que seamos como él, que amemos como él, que sirvamos como él, dondequiera que estemos.

Dios nos ha mostrado su voluntad. Ahora quiere que salgamos y la hagamos, trabajando para él y con él. Nos ofrece el mismo deleite y placer en toda buena obra que en la que él se agrada. La voluntad de Dios es buena. Siempre es "buena voluntad", siempre interesada en el bienestar eterno de las personas, produciendo siempre el buen fruto en las vidas que vamos tocando.

Daniel Kolenda ha sabido presentar muy bien la verdad de la voluntad de Dios. Es uno de esos jóvenes de los que Joel diría que profetiza (Joel 2:28). Su potente unción para evangelizar va acompañada de su conocimiento del evangelio. Y este libro es ejemplo de ello. Es una "profecía" para esta generación, que llama a cada uno —¡y a ti también!— a levantarse y hacer la voluntad de aquel que gobierna el tiempo y la eternidad. De todo corazón, te recomiendo a Daniel Kolenda. Te recomiendo que leas su libro más de una vez. Te será de gran bendición y Dios lo usará para equiparte "en todo lo bueno para hacer su voluntad" (Hebreos 13:21).

REINHARD BONNKE

Reinhard Bonnke es fundador del ministerio internacional Cristo para todas las naciones, que preside Daniel Kolenda. Desde principios de la década de 1980 Bonnke organiza grandes reuniones en ciudades de África, a las que llegan a asistir más de un millón y medio de personas. Al momento de escribirse este libro, el ministerio lleva documentadas 68 millones de decisiones a favor de Cristo desde que comenzaron a llevar el registro de las tarjetas de decisión en 1987.

Lee el código QR

o visita
Livebeforeyoudiebook.com/intro

INTRODUCCIÓN

Eran miles los que se habían reunido para ver el breve espectáculo que se desarrollaría entre las blancas arenas y el cielo azul, el teatro más grande del mundo. Esperamos durante lo que nos pareció un siglo, con los ojos fijos en el horizonte. Nadie quería perderse el gran momento. Y, entonces, sucedió. ¡Fue grandioso! Ya a distancia nos maravilló la erupción de energía. Se encendieron los propulsores, con una explosión que generó un impulso de casi una tonelada y media de fuerza.[1] Temblaba el suelo cuando la nave espacial inició su trayecto hacia el cielo dejando detrás de sí una estela gruesa de humo. En segundos había vencido la fuerza de la gravedad y ya no podíamos verla más. Con mi esposa y mis hijos, permanecimos con la mirada fija allí en esa playa de Titusville, Florida, conscientes de que era un momento histórico: el lanzamiento al espacio del *Atlantis*.

Cuando la nave penetró la mesósfera a una altura de más o menos cincuenta kilómetros,[2] los cohetes de propulsión que se necesitaron para el lanzamiento ya no hacían falta, y mediante una eyección la nave se desprendió de ellos para que regresaran a la tierra. A medida que la *Atlantis* avanzaba a toda velocidad, por última vez, vi en esos poderosos cohetes una metáfora igual de espléndida. A pesar de su potencia, no tienen más por lo que existir. Su gloria está en consumirse para un propósito superior. Mucho después de que caen a tierra, la nave seguirá avanzando más y más. Lo que le da sentido a la existencia del cohete es la nave y su misión.

Tu vida como titular

El 25 de junio de 2009 es uno de esos días que jamás olvidaré. Murieron dos de los íconos más famosos de mi generación, con pocas horas de diferencia. Farrah Fawcett, la bella actriz de la serie televisiva *Los ángeles de Charlie*, y Michael Jackson, el indiscutido "Rey del pop". Ambos sucumbieron ante la muerte prematura que estremeció al mundo y que ocupó las noticias durante semanas. Creo que ese día debo haber visto en televisión las mismas imágenes una y otra vez, esperando que me distrajeran de esa sensación abrumadora de temporalidad, de falta de permanencia que me puso más sentimental, más pensativo de lo usual.

Las vidas de Farrah Fawcett y Michael Jackson eran tan enormes, tan importantes, eran tan públicas... sin embargo, las cosas que los hicieron tan famosos eran insignificantes a la luz de la eternidad. Michael Jackson era el del disco más vendido de todos los tiempos. Farrah Fawcett era hermosa y había ganado un Premio People's Choice. ¿Qué diferencia eterna marcan esas cosas? Si das un paso atrás y lees sus obituarios en el contexto general del mundo y de lo que significan, te invade una total sensación de insignificancia. Y sin embargo, para el mundo, eran dos de las figuras más ilustres que haya habido.

La mayoría de nosotros jamás aparecerá en los noticieros el día que muramos. Pero imaginemos, tan solo por un minuto, que así será. Imagínate que CNN, NBC, ABC, CBS y Fox News emiten la cobertura maratónica de tu muerte y lo que ha sido tu vida. Imagina que tuvieran que resumir toda tu existencia en una noticia de una sola frase, que se repite al pie de la pantalla o en los titulares. ¿Qué dirían? O mejor dicho, ¿qué te gustaría que dijeran? ¿Qué propósito en particular haría que para ti toda tu vida hubiera valido la pena?

> El propósito de tu existencia no es alcanzar tu propia felicidad, tu propio éxito. Es aportar al avance de una causa que es más grande que tú.

Si escuchas la sabiduría actual, que pregona la comodidad, que te llama todo el tiempo desde la televisión, la música, las revistas y los libros de autoayuda, quizá acabes creyendo que el objetivo principal de la vida es encontrar la felicidad y el éxito en este mundo. Te dirán: "El cielo es el límite", "Puedes alcanzar las estrellas y convertirte en una de ellas", "Puedes ser todo lo que quieras ser", "Eres el artífice de tu destino".

Sin embargo, la realidad es otra: lo mucho o poco que ganes, las personas que conozcas, la notoriedad que alcances, en sí mismas son cosas muy insignificantes. Un día todas las posesiones materiales que hayas acumulado, esas por las que tanto luchaste por conseguir, se repartirán entre tus parientes o se venderán por centavos. Si eres como la mayoría, algún día nadie sabrá ni siquiera tu nombre, nadie reconocerá tu rostro. Así como los cohetes propulsores de la nave espacial de los que hablé hace un momento, tu fuerza vital un día caerá y desaparecerá en el océano oscuro de lo ignoto. Ahora bien, quiero que sepas que ese no es el final de la historia. Porque aunque algún día nuestras vidas llegarán a su fin, el reino de Dios seguirá avanzando hacia la victoria. Y allí está nuestra más grande oportunidad. Nuestras manos mortales pueden servir para edificar el reino eterno de Dios, ¡y ese es el mayor privilegio que pudiera tener cualquier ser humano!

Este libro no tiene que ver con que puedas concretar tus sueños o convertirte en estrella puesto que, al final, ninguna de esas cosas tiene importancia; en absoluto. Para que el contenido de este libro tenga sentido o valor en tu vida tienes que entender que el propósito de tu existencia no es alcanzar tu propia felicidad, tu propio éxito. Es aportar al avance de una causa que es más grande que tú.

La onda expansiva que produce tu vida seguirá teniendo un impacto en el mundo, para bien o para mal, más allá de tu existencia en la tierra. Pero tu vida solo tendrá valía en la misma medida en que sirva como cohete propulsor de algo que sí la tenga.

Pierde tu vida ¡y encuéntrala!

Sobre la pared de la nave sur del coro de la Abadía de Westminster hay una placa de piedra en memoria de John y Charles Wesley, que dice: "Dios sepulta a sus obreros pero continúa con la obra de él". Las vidas de los hermanos Wesley fueron como cohetes propulsores en manos de Dios. Los Wesleys llevan muertos varias generaciones, pero el reino eterno de Dios sigue avanzando; y ese pequeño papel que tuvieron en esta iniciativa divina hace que sus vidas sean valiosas, tengan sentido y significado.

Antes de morir, Pablo le dijo a Timoteo: "Yo, por mi parte, ya estoy a punto de ser ofrecido como un sacrificio, y el tiempo de mi partida ha llegado" (2 Timoteo 4:6). Pablo consideraba que su vida podía consumirse al servicio del evangelio. Se derramaría, como ofrenda bebida, y luego caería como esos cohetes propulsores ya gastados, pero no sin haber hecho algo de importancia eterna. Con su vida mortal y finita ayudó a propulsar al eterno reino de Dios. El saber eso llenaba a Pablo de satisfacción.

> Si de veras quieres que tu vida cuente, tendrás que consumirla al servicio de aquel que te la dio en un principio.

En realidad, todos consumimos nuestra vida, todos gastamos la cantidad finita de combustible que se nos ha dado. Pero son muy pocos los que se detienen a pensar en qué la están consumiendo, en qué gastan ese combustible. Quiero preguntarte ahora, ¿para qué cosa vives? ¿Qué es lo que hará que tu vida cuente? ¿Qué es lo que estás propulsando con tu tiempo, tu energía, tu dinero, tu pasión?

Jesús dijo: "Porque el que quiera salvar su vida, la perderá; pero el que pierda su vida por mi causa y por el evangelio, la salvará" (Marcos 8:35). Si de veras, con toda franqueza, quieres que tu vida cuente, solo hay una forma de lograrlo: tendrás que perderla. Tienes que perder tu vida, consumiéndola al servicio de aquel que te la dio en un principio.

Salvados para servir

"¿Qué harías si te salvo la vida?" Eso fue lo que Ciro, rey de Persia, le preguntó a un jefe rebelde llamado Cagular, a quien había capturado y estaba a punto de ejecutar. Cagular respondió: "Rey, te serviría durante el resto de mi vida". Solemos ver esa promesa de lealtad de Cagular a Ciro como poco más que una oferta razonable a cambio del misericordioso perdón del rey. Cagular también sabía que si el rey le perdonaba la vida, le debería muchísimo y por ello estaría obligado a servirle.

En Romanos 1:14-15 Pablo dijo: "Estoy en deuda con todos, sean cultos o incultos, instruidos o ignorantes. De allí mi gran anhelo de predicarles el evangelio también a ustedes que están en Roma". Verás, el pensamiento tradicional de la élite religiosa en la época de Pablo era que, como pueblo escogido de Dios, todo ministerio que se ofreciera a los gentiles no era más que una limosna magnánima a los paganos que no la merecían. Pero Pablo se veía como alguien a quien Dios le había mostrado gran misericordia, y eso hacía que estuviera en deuda con el resto de la humanidad. Predicar el evangelio a los gentiles, para él, no era caridad condescendiente sino la única respuesta ante la maravillosa gracia y la misericordia de Dios. Pablo veía que había sido salvado para servir.

Pablo también les dijo a los de Roma que debían presentarse ante Dios como sacrificio vivo, añadiendo "tomando en cuenta la misericordia de Dios" (Romanos 12:1), como única respuesta lógica. Es decir que no se trataba de un favor generoso que uno le haría a Dios. Dios te compró y te redimió con la sangre de su Hijo. Te libró del pecado y la esclavitud. Te bendijo con toda bendición espiritual en los lugares celestiales, en Cristo. A la luz de todo lo que hizo por ti, tu servicio recíproco a él no es más que "lógico y razonable". Dios te ha salvado para que sirvas.

Impulsados por el amor

"¡Ojalá pudiera yo beber agua del pozo que está a la entrada de Belén!" (2 Samuel 23:15). Eso es lo que suspiró el rey David. Y cuando los soldados oyeron su anhelo, buscaron sus espadas y desaparecieron en la oscuridad de la noche. Nadie les había mandado a actuar, no tenían obligación de hacerlo, pero les impulsaba una fuerza más potente que la del llamado al deber: el amor por su rey. Eso es lo que les llevó a arriesgarse, pasando por el campamento de los filisteos, para buscar el agua de ese pozo y llevársela a David.

Le conmovió tanto a David esta hazaña que no pudo beber el agua y, en cambio, la derramó en ofrenda al Señor. Lo que le impresionaba no era el riesgo que habían corrido los soldados. Ya se sabe que el soldado arriesga su vida, pero esto era diferente. No lo habían hecho por Israel, por Judá, por la guerra, ni siquiera por la batalla. Era algo personal que le habían ofrecido a David, y por cierto el más costoso regalo que hubiera recibido este rey.

Alguien me dijo una vez: "No siento carga por ninguna nación en particular". Esta idea descalificaba (o excusaba) a esa persona de servir en el ministerio. Ahora, a fin de cuentas, si la carga que sentimos por la gente es la única motivación para predicar el evangelio o servir al Señor, no deja de ser una forma de humanismo, nada más.

Después que Jesús resucitara halló que Pedro había vuelto a su antigua ocupación de pescador. Tras preparar el desayuno para Pedro, Jesús señaló un pescado y preguntó: "Simón, hijo de Juan, ¿me amas más que éstos? —Sí, Señor, tú sabes que te quiero —contestó Pedro. —Apacienta mis corderos —le dijo Jesús" (Juan 21:15). Fíjate que Jesús no dijo: "Simón Pedro, ¿amas a mis corderos?". Y luego: "Alimenta a mis corderos". No. Jesús preguntó: "¿Me amas?". El ministerio de Pedro a los corderos debía estar motivado principalmente por su amor a Cristo, no por su amor a los corderos.

¿Amas a Jesús? Esa es la pregunta clave. Y eso debería bastarnos para que ofreciéramos nuestras vidas al servicio de nuestro Rey. Es esa la ambición que reina por sobre todas las demás, incluyendo el deseo de adelantar el reino de Dios, de edificar al pueblo de Dios o siquiera de alcanzar a los perdidos, al mundo perdido que muere. La primera y mejor motivación que cualquiera de nosotros pueda tener es el amor, amor por aquel que nos amó tanto que nos dio sus lágrimas, su sangre y su vida.

Cuando recibimos el don de vida, el que le costó a Jesús su vida, ¿cómo podremos gastarlo buscando nuestras propias ambiciones, gratificación, codicia? Dios no lo permita. Más bien, con reverente respeto y temor, con profundo amor, tenemos ese impulso que nos lleva a entregarle nuestras vidas, devolviéndoselas como ofrenda, sin guardarnos nada, dando todo lo que somos al servicio del único Rey que reinará por los siglos de los siglos. No te equivoques. No es un desperdicio. Es el servicio lógico y razonable que nos corresponde. Porque fuimos salvados para servir.

Aquello por lo que vives, ¿hace que valiera la pena que Cristo haya muerto?

Un soldado estadounidense en la Guerra de Vietnam estaba a punto de pisar una mina explosiva oculta en la tierra. Su compañero que estaba al otro lado del campo de batalla pudo ver desde su posición el desastre inminente y se levantó, salió de la protección de su barricada, y a los gritos le advirtió a su amigo lo que pasaría. En ese momento, a este joven valiente lo mató una bala en el pecho. Unos años después, durante un servicio en memoria de los caídos realizado en los Estados Unidos, el soldado a quien su compañero le había salvado la vida pudo conocer a la esposa y al hijo de su amigo muerto. El pequeño, de solo siete años, jamás había llegado a conocer verdaderamente a su papá. El soldado sabía que el niño tenía el corazón destrozado, por lo que se arrodilló junto a él y le puso la mano en el hombro. Le dijo: "Quiero que sepas que tu papá me salvó la vida". El niño lo miró, con el rostro bañado en lágrimas, y dijo: "Señor ¿y usted lo valía?".

Leonard Ravenhill preguntó en una ocasión: "Aquello por lo que vives, ¿hace que valiera la pena que Cristo haya muerto?". No somos salvos para que podamos ser adornitos decorativos en un estante de Dios, llenando espacio en el cielo para toda la eternidad. Somos salvos por algo, para algo, para un propósito. Y el cumplimiento de ese propósito es la única reacción aceptable ante ese gran don de la salvación que recibimos. Tienes una obligación, una deuda, una responsabilidad, una carga ante aquel que entregó su vida por ti. Él te salvó no porque sí, sino para que sirvas.

A la luz de todo esto, ¿qué debemos hacer? Tal vez sientas el deseo de responder ofreciendo tu vida como un "cohete propulsor" para el avance del reino de Dios, aunque no sabes muy bien dónde comenzar. Cuando Saulo, que luego fue el apóstol Pablo, conoció al Señor en el camino a Damasco lo que preguntó fue: "Señor, ¿qué quieres que yo haga?" (Hechos 9:6, RVR60). Allí es donde comienza nuestro viaje, con una simple pregunta. No se trata de preguntar: "¿Qué quiero hacer yo con mi vida?" sino: "Señor, ¿qué quieres tú que yo haga con mi vida?".

Este libro es distinto a muchos otros que se le parecen porque no tiene que ver principalmente con elegir tu vocación profesional, con tu plenitud personal, con tu autorrealización. Ya sea que esta jornada te lleve al campo misionero, a la facultad de medicina, a ser albañil, ejecutivo, chef o pastor, descubrir la voluntad de Dios para tu vida no tiene que ver con determinar qué es lo que quieres tú, sino lo que quiere él. Es una gesta espiritual de suma importancia, por lo que tiene que guiarte el Espíritu Santo. Es por eso que te invito a comenzar esta marcha con la siguiente oración, pidiendo guía y rumbo para tu vida:

> *Padre celestial, me presento ante ti en este día como sacrificio vivo. Porque tú entregaste a tu Hijo por mí, yo me entrego plenamente a ti. Es mi servicio razonable. Entrego mis sueños y deseos, a tus pies, y pido que en mi vida se haga tu voluntad. Usa mis manos mortales para edificar tu eterno reino. Usa mi vida para impulsar tus propósitos. En el nombre de Jesús, amén.*

PRIMERA PARTE

CINCO CUESTIONES BÁSICAS ACERCA DE LA VOLUNTAD DE DIOS

Capítulo 1

¿EN VERDAD TIENE DIOS UN PLAN PARA MI VIDA?

Era la época de la cosecha en Israel y se respiraba ansiedad en el aire. En cualquier momento los preocupados agricultores podrían levantar la vista y ver una horda de soldados madianitas que bajaban por las colinas como inundación que rompe un dique. La Biblia describe a los madianitas como nación de "langostas" (Jueces 7:12). Cada vez que la cosecha estaba madura, descendían sobre los campos de Israel como enjambre de langostas y a su paso no dejaban más que destrucción y desolación. Los israelitas estaban a la defensiva, ocultos en las cuevas y las montañas, levantando fortalezas y barreras de protección. Nerviosos, trataban de cosechar todo lo que pudieran y lo ocultaban, anticipando la inminente invasión.

Dios tenía su plan para liberar a Israel de los madianitas y había elegido al hombre adecuado para esa tarea, aunque este no parecía el mejor. Porque Gedeón no era un héroe, para nada, por mucho que usaras la imaginación. Era víctima de los males de su sociedad, un hombre afectado por el clima de cobardía que había dejado a los israelitas incapacitados, esclavos del miedo. Él también era esclavo del miedo, y se ocultaba en un lagar para trillar su pequeña cosecha de trigo (Jueces 6:11).

Un lagar no es lugar para trillar trigo; es como si lavaras tu ropa en un lavavajillas. Pero Gedeón había escogido ese lugar, tan poco apto, porque temía a los madianitas. Tenía miedo de perder su cosecha y su vida, y por eso ocultaba ambas bajo tierra. En este calabozo aterrador fue que el Señor halló a Gedeón, frustrado, tembloroso, sudando.

> Cuando el ángel del Señor se le apareció a Gedeón, le dijo: ¡El Señor está contigo, guerrero valiente!
>
> —Jueces 6:12

A nadie se le habría ocurrido jamás decir lo que el Señor declaró ese día. El Señor dijo: "Gedeón, eres un hombre valiente, de coraje". Allí donde los demás veían un cobarde, ¡Dios veía un libertador!

Me alegro tanto de que Dios no nos vea de la forma en que tantas veces nos vemos a nosotros mismos. Cuando nos miramos en el espejo tal vez veamos a alguien sin instrucción, sin experiencia. A alguien de la clase social equivocada, de la raza o género errados. O a alguien demasiado joven, o demasiado viejo. Y tenemos entonces un millón de excusas por las que Dios no puede usarnos. Sin embargo, Dios ve en nosotros más de lo que nosotros mismos vemos, y nuestros obstáculos, fracasos y defectos no le intimidan.

También me alegra que Dios no nos vea de la misma forma en que nos ven los demás. Muchas veces cuando empezamos a romper con los viejos patrones o mentalidades que nos han estado encerrando, cuando rechazamos el estatus quo y buscamos terrenos más elevados, encontramos que nuestros opositores más grandes son justamente nuestros amigos más cercanos, la gente de nuestra iglesia o incluso nuestros parientes. Es más, es interesante notar que los madianitas, que eran descendientes de Abraham, eran en realidad primos de los israelitas. Eran esos "parientes", digamos, que tanto habían oprimido a Israel; como para que los israelitas se ocultaran atemorizados en vez de vivir triunfantes. El enemigo sabe cómo usar a los más cercanos para desalentarnos. Ellos dicen: "¿Quién te crees que eres? ¿Te crees mejor que nosotros? Te conocemos desde la infancia. Conocemos tus defectos y tus errores. Eres uno más entre tantos. ¡Vuelve a tu lugar!".

Hace un tiempo se me ocurrió comprar un acuario. Mientras investigaba para mi proyecto me asombró ver que hay cantidad de acuarios de distintos tipos, grandes, pequeños, de agua dulce o salada, para peces, para corales, para reptiles, para invertebrados. El que más me fascinó fue el acuario para cangrejos. Estos acuarios no tienen tapa y me pareció gracioso enterarme de la razón. Parece que cuando tienes un acuario para cangrejos no necesitarás ponerle tapa puesto que si un cangrejo quiere trepar para salir, los demás vendrán y tirarán de él para que se quede abajo. Así que pensé: "Ah, conozco a muchos cristianos cangrejos". No nos gusta ver que a alguien le vaya bien en lo que nosotros fracasamos. Muchas veces lastimamos a los hermanos con palabras de juicio y con ofensas, los halamos hacia abajo, les impedimos alcanzar su potencial.

Es triste, pero en el ambiente de la iglesia eso pasa todo el tiempo. Cuando Dios eleva a un pastor y bendice su ministerio, otros pastores de la ciudad se oponen, injuriándolo, o con chismes. Harán todo lo que puedan por tirar de él hacia abajo para que quede en el fondo del acuario de la iglesia. Ese pastor, esa iglesia, ese cristiano, puede encontrar consuelo. Alguien me dijo: "La lástima la tienes gratis, pero los celos tienes que ganártelos". A Jesús mismo lo entregó su propio pueblo para que le crucificaran, porque le tenían envidia (Mateo 27:18). ¿Cuántas veces sentimos desaliento por algo que alguien nos dijo o pensó de nosotros? Por dicha, hay una maravillosa realidad: Dios no nos ve como nos ven los demás.

Dios, el artista Maestro

Encontramos en ese lagar a un tembloroso y sudoroso cobarde, escondido para salvar su vida, cuando aparece ante Gedeón el ángel del Señor y le llama "guerrero valiente". Al principio esas palabras casi suenan a cruel sarcasmo, pero el ángel no sonríe burlón. Dios no se estaba burlando de Gedeón, ni lo había confundido con otra persona. Dios veía en Gedeón algo que nadie más veía, incluyendo al mismo Gedeón. Es de gran consuelo saber que los caminos de Dios no son nuestros caminos, y que sus pensamientos no son los nuestros. Cuando llegas a entender lo que Dios ve cuando te mira, tu vida cambia. Quiero explicártelo de otro modo:

Escultura de David

Escanea el código QR

o visita

Livebeforeyoudiebook.com1

A comienzos del siglo XVI un artista y escultor de veinticinco años trabajaba incansablemente con su martillo y su cincel, sobre un colosal bloque de mármol duro y frío. Otros artistas habían rechazado ese bloque porque tenía defectos y durante décadas había quedado descartado, hasta que este joven escultor vio algo bello en la mole de piedra. Trabajó noche y día con obsesiva dedicación. Cuando alguien le preguntaba por qué trabajaba tanto en ese viejo bloque de piedra, contestaba: "Porque dentro de esa roca hay un ángel que quiere salir".[3] Tras casi tres años de trabajo el joven artista, Miguel Ángel, quitó el velo que cubría su obra maestra: una escultura de cinco metros de algo que el mundo entero conoce hoy como *El David.*

Quien sea artesano reconocerá que antes de que la obra maestra salga a la luz, su creador ya la tiene en mente. Antes de que el pincel toque el lienzo, antes de que el cincel toque la piedra, antes de que la arcilla toque el torno, antes de que el artista cree su pintura, su escultura, su vasija, antes de que tenga algo tangible que mostrar, lo primero que tiene es un sueño. En la mente, el artista ya ve lo que creará, antes de que se materialice en el mundo físico. Miguel Ángel vio algo en ese bloque de piedra antes que nadie más. Otros artistas habían visto defectos e imperfecciones imposibles, pero Miguel Ángel veía una obra maestra atrapada en una roca descalificada y trabajó con diligencia para liberarla de allí.

Más allá de lo que Dios sueñe para tu vida, hay algo seguro: Su voluntad para tu vida está más allá de lo que puedas pedir o pensar.

¡Nuestro Dios es el artista Maestro! Piensa en la inconcebible maravilla de la creación, que incluso en su condición de pecado nos brinda un vistazo apenas del genio de su Creador, en cuya mente eterna vio cada detalle, hasta la última y más diminuta partícula, allí donde no había nada. Solo piensa en esto: El arquitecto del universo habló y el mundo vino a existir, ¡pero creó a Adán con sus propias manos y con su boca le insufló su aliento! Dios ha coronado su creación con una obra maestra que se distingue porque está "hecha a mano" ¡por el gran Creador! Y Dios sigue dando forma a la humanidad con sus propias manos. El Salmo 139:13 dice: "Tú creaste mis entrañas; me formaste en el vientre de mi madre".

El Maestro del universo, el Dios eterno, inmortal, invisible, omnisciente ¡te hizo con sus propias manos! Antes de que empezara a tejerte en el vientre de tu madre, te vio en su mente eterna, hasta el más mínimo detalle. E incluso antes de que nacieras, ya tenía un sueño para tu vida. Tal vez te estaba tejiendo en el vientre de tu madre mientras decía: "Voy a hacer de este pequeñito un guerrero valiente" o "Voy a hacer de esta pequeña una potente profeta para su generación". Más allá de lo que Dios sueñe para tu vida, hay algo seguro: Su voluntad para tu vida está más allá de lo que puedas pedir o pensar.

La obvia evidencia del propósito

En miles de aulas del mundo entero hay maestros adoctrinando a alumnos ingenuos e impresionables, con la idea de que no son más que un accidente, resultado de millones de años de anomalías al azar y afortunadas deformidades, o que lo que hagan con sus vidas no es más que cuestión de preferencia y que no hay un diseñador divino que los creó. Sin embargo, la Biblia nos dice que Dios nos diseñó con un propósito en mente. El Salmo 139:14 dice que somos: "una creación admirable". Solo en estos últimos años, con los avances de la ciencia, estamos empezando a entender lo ciertas que son esas palabras. Tu cuerpo es una hazaña de la ingeniería, un diseño increíblemente complejo que no llegamos a entender. ¿Sabías que tu cuerpo hace uso de más de doscientos músculos, tan solo para que des un paso?[4]

Ahora, piensa en el ojo humano, con un diseño tan elegante y complejo que los científicos no llegan a entender del todo cómo es que funciona. Se mueve como promedio cien mil veces cada día; mientras dormimos hace su propio mantenimiento; tiene enfoque, objetivo y ajuste de apertura automáticos; brinda imágenes a color, estereoscópicas en 3D, y puede funcionar desde la casi total oscuridad hasta la luz brillante, automáticamente.[5] Es capaz de discernir más de dieciséis millones de matices de color,[6] que incluyen setecientos matices de gris.[7] De hecho, el mismo Charles Darwin dijo: "Suponer que el ojo con sus inimitables mecanismos de ajuste focal a distintas distancias, diversos ajustes de admisión de luz y corrección de defectos cromáticos y esféricos pueda haberse formado por selección natural; es, lo confieso, el más alto grado del absurdo".[8]

Tu piel puede contener en un centímetro cuadrado: 3.000 células sensoriales, 12 sensores de calor, 200 sensores de dolor, 700 glándulas sudoríparas, 1 metro de vasos sanguíneos, 3 millones de células y 4 metros de nervios[9] que envían mensajes al cerebro a una velocidad de hasta 320 kilómetros por hora.[10] Tu cerebro pesa como promedio solo 1,5 kilogramos pero contiene 12 mil millones de células, cada una conectada a 10.000 células cerebrales más, lo cual implica 120 billones de conexiones.[11] Ese cerebro genera cada día más impulsos eléctricos que todos los teléfonos del mundo juntos[12] aunque consume menos energía que la lamparita del refrigerador.[13]

Las moléculas de ADN de tu cuerpo contienen el conjunto de información más denso y elaboradamente detallado del universo conocido.[14] Su código es tan increíblemente complejo que si imprimieras todas las "letras" químicas del ADN de tu cuerpo en libros, ¡se calcula que habría suficientes libros como para llenar cincuenta veces el Gran Cañón![15]

> Nuestro Dios ¡es el artista Maestro! Ve "un ángel" en la roca de tu vida y quiere liberarlo.

Por supuesto, podría seguir citando las maravillas de la gravedad y el magnetismo que la ciencia no llega a explicar del todo, el impecable ritmo del sistema solar, el perfecto equilibrio del nitrógeno y el oxígeno de la atmósfera terrestre que hace posible la vida, el maravilloso orden de la naturaleza que conforma un sistema autosuficiente de vida, reproducción y manejo de desechos. Pero, ¿hace falta? ¿Qué otra evidencia más necesitamos, de que nuestro mundo ha sido creado con inteligencia y propósito? ¿No basta con la belleza, el orden y el diseño que vemos alrededor, y dentro de nosotros?

No hay persona que haya sido creada como accidente, como broma de la naturaleza, como subproducto al azar de la unión de un hombre o una mujer, o como resultado de millones de años de sucesos azarosos sin rumbo ni guía o dirección. Toda persona que ha nacido es una creación única, obra de arte intencional, creada por la mano del artista maestro.

Dios le dijo a Jeremías: "Antes de formarte en el vientre, ya te había elegido; antes de que nacieras, ya te había apartado; te había nombrado profeta para las naciones" (Jeremías 1:5). Dios sabía ya, y había creado, un destino para Jeremías el profeta, incluso antes de que naciera. Juan el

Bautista estaba lleno del Espíritu Santo y fue llamado a ser el predecesor de Jesús aun antes de que naciera (Lucas 1:15). Sansón estaba llamado a ser un gran libertador, antes de ser concebido en el vientre de su madre (Jueces 13:4-5).

Isaías 46:10 dice que Dios declara: "el fin desde el principio; desde los tiempos antiguos, lo que está por venir". Romanos 4:17 dice que Dios "da vida a los muertos y que llama las cosas que no son como si ya existieran". El Salmo 139:15-16 dice: "Mis huesos no te fueron desconocidos cuando en lo más recóndito era yo formado, cuando en lo más profundo de la tierra era yo entretejido. Tus ojos vieron mi cuerpo en gestación: todo estaba ya escrito en tu libro; todos mis días se estaban diseñando, aunque no existía uno solo de ellos."

Dios llamó "profeta" a Jeremías antes de que naciera. Llamó "predecesor" a Juan antes de que naciera. Dios llamó "libertador" a Sansón antes de que naciera. Y por eso es que aunque Dios encontró en el lagar a un cobarde tembloroso que sudaba de miedo, llamó "guerrero valiente" a Gedeón. Dios veía dentro de Gedeón el potencial que él había creado en Gedeón antes de que naciera. Mientras este estaba todavía en el vientre de su madre Dios le llamó guerrero valiente y jamás abandonó ese sueño suyo para la vida de Gedeón.

Una vez alguien me dijo: "No creo en Dios". Yo le respondí: "Qué pena... porque Dios sí cree en ti". Incluso antes de que nacieras Dios ya empezó a darte forma, antes de que te tejiera en el vientre de tu madre él ya tenía un sueño para ti y un plan para tu vida. Tenía un santo llamado para que lo cumplieras. Pablo le dijo a Timoteo que fue Dios quien "nos salvó y nos llamó a una vida santa, no por nuestras propias obras, sino por su propia determinación y gracia. Nos concedió este favor en Cristo Jesús antes del comienzo del tiempo" (2 Timoteo 1:9).

Gedeón estaba lleno de imperfecciones, la gente no le tenía en alta estima. A sus propios ojos era un perdedor, hecho y derecho. Pero Dios veía a Gedeón del mismo modo en que Miguel Ángel miraba ese pedazo de mármol que todos habían rechazado. En Gedeón Dios podía ver belleza, allí donde otros solo veían defectos. Quiero decirte que tal vez todo el mundo te haya descalificado. Que podrás pensar que tu vida tiene demasiados problemas como para poder llegar a ser algo hermoso. Pero nuestro Dios ¡es el artista Maestro! Él ve "un ángel" en la roca de tu vida y quiere liberarlo. A lo largo de tu vida, no importa dónde vayas o qué cosas hagas, cada vez que Dios te mira ve dentro de ti el potencial que él puso allí dentro, y siempre está llamando a ese potencial, como llamó a Lázaro para que saliera de la tumba "¡Sal!". Dios quiere tomar tu vida del basural del diablo y convertirla en una obra maestra, un trofeo de su maravillosa gracia y misericordia.

La buena voluntad de Dios

Es asombroso pensar que incluso después de que el ángel del Señor se le apareciera a Gedeón y le hablara claramente sobre la buena voluntad de Dios para él, Gedeón no pudiera creerlo.

> —Pero, señor —replicó Gedeón—, si el Señor está con nosotros, ¿cómo es que nos sucede todo esto? ¿Dónde están todas las maravillas que nos contaban nuestros padres, cuando decían: "¡El Señor nos sacó de Egipto!"? ¡La verdad es que el Señor nos ha desamparado y nos ha entregado en manos de Madián! El Señor lo encaró y le dijo: —Ve con la fuerza que tienes, y salvarás a Israel del poder de Madián. Yo soy quien te envía. —Pero, Señor —objetó Gedeón—, ¿cómo voy a salvar a Israel? Mi clan es el más débil de la tribu de Manasés, y yo soy el más insignificante de mi familia.
>
> —JUECES 6:13-15

Tal como lo hizo Gedeón, hay muchos que se sienten inferiores. A muchos los han rechazado o maltratado, y como resultado no tienen autoestima, se sienten que valen poco o nada. Podrán decir: "Yo no vengo de familia rica", o "No soy inteligente", o "Sufrí abusos", o "No tengo talentos o habilidades", o "Jamás lo lograré".

Cuando Gedeón se miraba en el espejo lo único que veía eran desventajas y defectos. Dudaba de ser capaz de algo grande y no estaba convencido de que el Señor hubiera elegido al hombre adecuado para la tarea. Pero el Señor sabía exactamente qué necesitaba oír Gedeón, y habló palabras que llegaron justo al corazón de lo que Gedeón sentía: "... yo estaré contigo" (Jueces 6:16).

Tienen que ser las palabras de mayor consuelo en el mundo entero. Saber que Dios está contigo, que está a tu favor, es la seguridad y la tranquilidad más grande. Eso es lo que necesitaba oír Gedeón, y también lo que necesitas oír tú en lo profundo de tu espíritu mientras das inicio a este viaje para descubrir la voluntad de Dios para ti. Jesús sabía que te iba a hacer falta oírlas y por eso dijo: "Nunca te dejaré; jamás te abandonaré" (Hebreos 13:5) y también en Mateo 28:20: "Les aseguro que estaré con ustedes siempre, hasta el fin del mundo".

Romanos 8:31-32 dice: "¿Qué diremos frente a esto? Si Dios está de nuestra parte, ¿quién puede estar en contra nuestra? El que no escatimó ni a su propio Hijo, sino que lo entregó por todos nosotros, ¿cómo no habrá de darnos generosamente, junto con él, todas las cosas?". Dios está de tu parte, no en contra tuya. ¿Necesitas evidencia? En este pasaje de las Escrituras Pablo señala la cruz como prueba suprema de la buena voluntad de Dios para con nosotros. Si Dios estuvo dispuesto a entregar a su propio Hijo por nosotros, ¿cuánto más podemos confiar en que con su generosidad y su amor nos dará todo lo que necesitemos?

¿Sientes que eres un fracaso? ¿Te persigue y te define el pasado? ¿Te cuesta creer que Dios está contigo y que quiere lo mejor para ti? Es hora ya de que tengas una revelación de la bondad de Dios. Él no busca personas perfectas y no le intimida tu pasado. Desea "confortar a los dolientes de Sión ... darles una corona en vez de cenizas, aceite de alegría en vez de luto, traje de fiesta en vez de espíritu de desaliento. Serán llamados robles de justicia, plantío del Señor, para mostrar su gloria" (Isaías 61:3).

Pablo, acerca de esta misma verdad, escribió en Romanos 8:28: "sabemos que Dios dispone *todas* las cosas para *el bien* de quienes lo aman, los que han sido llamados de acuerdo con *su propósito*".

Cuando entendemos esta realidad y llega a formar parte del tejido de lo que somos, entonces empezamos a ver cada circunstancia, sea positiva o negativa, como situación que Dios puede usar para nuestro bien y para cumplir sus propósitos. La salvación, la propiciación, el perdón, la justificación, la regeneración, la redención, la reconciliación, son todas palabras que se usan para describir lo que Dios quiere hacer en nuestras vidas. Convertir cenizas en belleza no es un beneficio extra de la experiencia cristiana sino ¡el corazón del evangelio y la voluntad de Dios para ti!

Jeremías 29:11 dice: "Porque yo sé muy bien los planes que tengo para ustedes —afirma el Señor—, planes de bienestar y no de calamidad, a fin de darles un futuro y una esperanza". ¿Tiene Dios un plan para tu vida? La respuesta es un "Sí", resonante y fuerte. Pero es mejor que eso todavía. Dios no solo tiene un plan sino un *buen plan* "muchísimo más que todo lo que podamos imaginarnos o pedir" (Efesios 3:20). Y con esa confianza podemos dar inicio a nuestra jornada, con "la mirada en Jesús, el iniciador y perfeccionador de nuestra fe" (Hebreos 12:2), sabiendo que "el que comenzó tan buena obra en ustedes la irá perfeccionando hasta el día de Cristo Jesús" (Filipenses 1:6).

Capítulo 2

¿ENTENDÍ MAL LA VOLUNTAD DE DIOS?

Los cuatro evangelios cuentan la entrada triunfal de Jesús a Jerusalén, donde se menciona un hecho interesante. Dice la Biblia que los que estaban en ese lugar "tomaron ramas de palma y salieron a recibirlo, gritando a voz en cuello: ¡Hosanna! ¡Bendito el que viene en el nombre del Señor! ¡Bendito el Rey de Israel!" (Juan 12:13). ¿Te preguntaste alguna vez por qué agitaban ramas de palma y gritaban "Hosanna"? No es por lo que piensa la mayoría de la gente.

Los celotes, que eran políticos, usaron durante bastante tiempo la rama de palma como símbolo. En cierto momento, la palma se empleó en monedas acuñadas durante una rebelión de insurrectos, por lo que esa imagen evocaba la resistencia de los macabeos. Las ramas de palma parecen ser indicación de las expectativas nacionalistas y políticas del pueblo respecto de Jesús, de lo que esperaban de él. Eso se ve confirmado por la palabra hosanna que significa "salva, te rogamos" en arameo. Pero Jesús desilusionó tan terriblemente al pueblo de Israel que pocos días después de recibirlo con ramas de palma gritando: "Hosanna" se volvieron en contra de él y gritaban: "¡Crucifícalo!".[16]

La nación de Israel en su conjunto rechazó al Mesías porque no encajaba en sus expectativas y preconceptos. Esperaban a un libertador político, a un hombre de guerra y conquista. Esperaban a un rey que derrotara al opresivo régimen romano y le devolviera a la nación su antigua gloria.

Al contrario, hallaron a un hombre de paz, manso y humilde, montado en un asno en vez de aparecer en un brioso caballo como guerrero. Al día de hoy los judíos del mundo entero siguen orando por la llegada de su tan esperado Mesías, pero el Mesías llegó hace dos mil años y muchos no lo reconocen todavía porque él no es eso que ellos están buscando.

Las presuposiciones producen errores que pueden cegarnos a lo obvio. Es lo que les sucede a muchos cuando buscan la voluntad de Dios para sus vidas. Dios ya tiene un propósito para ti ¡y lo ha tenido desde antes de que nacieras! Es más, Dios puede haberte revelado ya su voluntad, y es posible que la tengas delante de tus ojos, pero esos preconceptos o errores te impiden reconocerlo. En este capítulo quiero desenmascarar tres errores comunes en cuanto a la voluntad de Dios.

Error N° 1: Es muy difícil hallar la voluntad de Dios

Un científico llevó a un grupo de jóvenes investigadores a una expedición al desierto. Estudiarían distintos tipos de cactus. Pero su misión se interrumpió cuando se descompuso su vehículo en medio del desierto. El científico que conducía la expedición conocía muy bien el territorio y estaba seguro y confiado de que lograrían volver a la civilización. Pero para su desazón, tras dos días de caminar se les hizo evidente que estaban perdidos, sin esperanza alguna. Tras casi exprimir la última cantimplora para obtener una gota de agua, la desesperación empezó a apoderarse de los corazones del grupo que, insolado y deshidratado, supo entonces que lo más probable era que murieran en este desierto.

De repente uno de los investigadores les gritó a los demás: "Miren, allá lejos. ¡Un oasis!". Todos gritaron, ilusionados aunque agotados, pero el científico líder inclinó su cabeza y dijo en tono ominoso: "Lamento decirles que lo que ven no es más que un espejismo", y cayó, rendido, sobre la arena. Los jóvenes investigadores sencillamente se negaron a creerle. Tomaron sus cantimploras y corrieron hacia el reflejo borroso que se veía a la distancia, esperando que lo que veían fuera real.

Tras unos minutos llegaron lo suficientemente cerca como para ver bien de qué se trataba. Unas altas y robustas palmeras rodeaban un pozo de manantial, cuyas aguas frescas reflejaban destellos de luz. De un salto se sumergieron, jugaron salpicándose y bebiendo hasta sentir que recuperaban las fuerzas. Tras llenar sus cantimploras se dirigieron hacia donde estaba el científico líder para llevarle la maravillosa noticia. Su alegría se convirtió en dolor al encontrar su cuerpo sin vida, justo en el lugar en donde había caído rendido.

La voluntad de Dios muchas veces es como ese oasis en el desierto; es una fuente dadora de vida, de propósito y razón de ser. En la mayoría de los casos la voluntad de Dios no es un misterio lejano e inalcanzable sino algo que está a la vista, accesible. Sin embargo, lo que tenemos delante de las narices muchas veces es lo más difícil de ver, y la voluntad de Dios puede llegar a ser tan obvia que la pasamos por alto pensando que debiera ser algo más difícil.

¿Alguna vez notaste que cuando alguien decide creer en Dios, en esos primeros tiempos de su vida cristiana parece que oye la voz de Dios y percibe su guía con mayor facilidad? Muchas veces cuanto más maduramos y más aprendemos, más complicadas y confusas nos parecen las cosas. El científico de mi historia murió porque ya había decidido que el oasis que había a la distancia era demasiado bueno como para ser verdad. Era un hombre instruido y con experiencia. Sabía que los espejismos son un fenómeno común en el desierto. Pero su conocimiento y su experiencia le impidieron reconocer lo que estaba allí, delante de sus ojos.

¿Oíste alguna vez un mensaje sobre la voluntad de Dios y al terminar sentiste más confusión, más desaliento que nunca? ¿Te han hecho creer que necesitas ser profeta para saber lo que Dios está diciendo? ¿Te parece que cuanto más buscas menos encuentras? Quizá lo más valioso que puedas aprender es que tienes que desaprender muchísimas de las cosas que aprendiste. Esas cosas que te producen confusión, eso que implica un exagerado análisis, hay que descartarlo. Empieza por la fe simple como la de los niños y confía en que Dios tiene un plan que está tratando de revelarte. Cree en que él quiere que lo descubras, ¡más de lo que tú quieres descubrirlo! Reposa, descansa en la certeza de que Dios no está tratando de tenderte una trampa, de confundirte. Recuerda que él no es el autor de la confusión (1 Corintios 14:33) y que no crea imágenes para engañarte. ¡No es difícil descubrir la voluntad de Dios para tu vida! ¡Simplifiquemos!

> La voluntad de Dios nunca se nos revela de modo que niegue nuestra necesidad de depender de él.

Error N° 2:
Dios siempre revela su voluntad de manera repentina y dramática

Muchas veces cuando alguien dice que Dios no le ha revelado su voluntad para su vida lo que en realidad quiere decir es que no ha oído una voz audible que viene del cielo. Claro que hay momentos en que Dios habla de maneras muy dramáticas. Pero la mayoría de las veces Dios revela su voluntad sin tanta extravagancia y suele ir mostrándola despacio, capa tras capa a lo largo del tiempo en vez de hacerlo en una epifanía única que destroce la tierra.

Piensa en Abraham, el padre de la nación israelita, a quien Dios llamó diciéndole: "Deja tu tierra, tus parientes y la casa de tu padre, y vete a la tierra que te mostraré" (Génesis 12:1). Dios le pidió a Abraham que dejara todo lo que conocía para ir a algo completamente desconocido. El llamado de Dios a Abraham no incluyó coordinadas específicas. Fue tan solo un llamado a partir. Abraham obedeció y Dios fue revelándole su plan, paso a paso.

Si Dios nos revelara su plan supremo para nuestras vidas desde el principio mismo, muchas veces acabaríamos corriendo tras un sueño en lugar de seguirle a él. Dios no quería tan solo enviar a Abraham a su herencia. Dios quería guiarlo hasta allí. Al seguir a Dios, Abraham descubrió algo maravilloso. La tierra y el legado que Dios le daría era algo de veras grandioso, pero había otra recompensa que en comparación hacía que todas las otras palidecieran. "Abram. Yo soy tu escudo, y muy grande será tu recompensa" (Génesis 15:1).

Si piensas que ya lo has descubierto todo y que sabes exactamente hacia dónde te va a llevar Dios y de qué manera te va a llevar hasta allí, prepárate para una desilusión. La voluntad de Dios nunca se nos revela de modo que niegue nuestra necesidad de depender de él. En última instancia, el hecho de que cumplamos o no la voluntad de Dios con nuestras vidas depende de si le seguimos o no. Finalmente todos descubriremos que el verdadero premio no era la carrera perfecta, el cónyuge más maravilloso o una educación excelente. La verdadera recompensa de seguir a Dios es Dios mismo.

La plena revelación de la voluntad de Dios rara vez llegará como una epifanía repentina. Dios nos llama para ver si le seguiremos incluso sin conocer todos los detalles. Cuando ve que damos un paso en obediencia, entonces nos da el siguiente.

Hace poco me preguntaron en una entrevista cómo me había mostrado Dios que su voluntad para mí era lo que estoy haciendo en el ministerio. Creo que mi entrevistador esperaba oír que yo había tenido una visión, un sueño o que había oído una voz que me daba instrucciones específicas. Mi respuesta, sin embargo, fue muy distinta. Le dije que cuando reflexiono en la secuencia de hechos milagrosos que me han traído al lugar en que estoy hoy, es muy evidente la mano de Dios y su plan divino, en cada detalle.

Hoy predico ante multitudes de cientos de miles de personas. Estoy al frente de un ministerio evangelístico internacional, y he tenido el honor de guiar a más de diez millones de personas a Cristo en nuestras campañas masivas al aire libre, en distintos lugares del mundo. Dios nunca me dijo que eso iba a pasar y ni en mis sueños más locos habría pensado yo que iba a ser así. Sin embargo, a medida que fui obedeciendo al llamado de Dios paso a paso, fue revelándose su plan y propósito con muchas confirmaciones a lo largo del camino. He hallado que por lo general es así como Dios revela su plan: paso a paso.

En Lucas 16:10 Jesús estableció un principio que es absolutamente esencial en nuestra búsqueda por descubrir la voluntad de Dios para nuestras vidas. Jesús dijo: "El que es fiel en lo muy poco, también en lo más es fiel; y el que en lo muy poco es injusto, también en lo más es injusto" (RVR60). Dios nos llama a lo pequeño antes de llamarnos a lo grande. Hay muchas personas que quieren que Dios les hable desde el cielo y les dé instrucciones, pero no siguen esas pequeñas instrucciones que ya tienen. Si no estás haciendo lo que ya sabes que tienes que hacer ¿por qué iba Dios a darte más instrucciones? Si no estás siendo fiel en las cosas pequeñas, ¿por qué iba Dios a confiarte cosas más importantes?

Cuando pienses en el llamado y la voluntad de Dios para tu vida, no lo hagas tanto en términos de dónde acabarás al fin, o a qué cosa llegarás. Más bien, piensa en términos de la voluntad de Dios para ti ¡ahora mismo! ¿Qué es lo que puedes hacer? ¿Qué quiere Dios de ti hoy mismo? Cuando lo sigues en obediencia, paso a paso, día a día, la imagen se va haciendo más clara; entonces él te confiará más y más. Al fin llegará el día en que recuerdes los muchos pasos que diste en fe y obediencia; y verás de qué manera fue el Señor orquestándolo todo con cuidado, estratégicamente, en un modo que tú jamás podrías siquiera haberlo organizado por tus propias fuerzas o con tu sabiduría humana.

Error N° 3: Dios quiere que todos seamos ministros de tiempo completo

He visto muchas personas que acaban mal en el ministerio porque sintieron que Dios los llamaba pero lo interpretaron mal pensando que era un llamado al ministerio de tiempo completo, con los cinco ministerios. Incluso si tienes la unción para predicar o enseñar, un fuerte deseo de ganar a los perdidos, o un don carismático singular para el ministerio como la profecía o la sanidad, eso no significa necesariamente que Dios quiere que renuncies a tu empleo y plantes o inicies una iglesia. Como le pasaba al apóstol Pablo, también yo tiendo a querer que todos hicieran lo que yo hago, que fueran a las naciones y predicaran el evangelio a tiempo completo. Pero no debemos olvidar que "cada uno tiene su propio don de Dios, uno a la verdad de un modo, y otro de otro" (1 Corintios 7:7). Si te aventuras fuera del llamado de Dios y del don que él te dio, no tendrás la gracia para la tarea y eso puede ser desastroso para quien ha discernido mal el llamado de Dios, y también para los que por desdicha quedan bajo su liderazgo.

Provengo de una larga línea familiar de ministros. Pertenezco a la quinta generación de predicadores, del lado paterno de mi familia. Del lado materno, mi abuelo también era pastor. El padre de mi esposa también es pastor. No hace falta decir entonces que el ministerio es algo que viví desde siempre. Y creo que mucha gente suponía que yo sería ministro porque es lo que mi familia esperaba de mí. En realidad, sucedió todo lo contrario. Mi padre solía aconsejarme, diciendo: "Si puedes hacer otra cosa, hazla". Es decir: si puedes ser feliz haciendo cualquier otra cosa en lugar de ser ministro a tiempo completo probablemente es porque no estás llamado a hacerlo. En verdad, el ministerio a tiempo completo tiene cinco aspectos y no es para todo el mundo, por lo que no hay que dedicarse a ello si tu llamado no es bien claro y cierto. Con todo, hay mucha gente que no ha recibido el llamado al ministerio pero sí siente el ardiente deseo de servir al Señor. La buena noticia es que servir a Dios no siempre significa que seas predicador.

El reino de Dios necesita embajadores en todas las áreas de la sociedad. En Mateo 13 Jesús cuenta dos historias con la misma moraleja:

> Les contó otra parábola: "El reino de los cielos es como un grano de mostaza que un hombre sembró en su campo. Aunque es la más pequeña de todas las semillas, cuando crece es la más grande de las hortalizas y se convierte en árbol, de modo que vienen las aves y anidan en sus ramas". Les contó otra parábola más: "El reino de los cielos es como la levadura que una mujer tomó y mezcló en una gran cantidad de harina, hasta que fermentó toda la masa".
>
> —Mateo 13:31-33

La imagen que pinta Jesús con estas dos parábolas es clara. El reino de los cielos hará crecer lo que entre en contacto con él multiplicando y llenando todo del mismo modo en que la semilla de mostaza —que tan insignificante parece—, va creciendo hasta que llega ser una de las hierbas más grandes de jardín y luego se convierte en árbol, en cuyas ramas los pájaros pueden anidarse. Así como una pequeña medida de levadura hace que crezca una buena cantidad de masa, el reino de Dios no está destinado a quedar encerrado tras los vitrales de lindas iglesias, sino para llegar a llenar cada rincón de todo este planeta.

Y eso no sucederá si los únicos que trabajan en el ministerio son los apóstoles, los profetas, los pastores, los maestros y los evangelistas. El plan de Dios, más bien, es que el trabajo verdadero del ministerio lo hagan los plomeros, los maestros de la escuela secundaria, los paisajistas, los abogados y los doctores. Necesitamos hombres y mujeres que lleven la gloria de Dios y el testimonio del evangelio a la Casa Blanca, a Hollywood, a Wall Street, a Main Street y a todas las áreas de la cultura y la sociedad.

A lo largo de los años se ha dado una desconexión fundamental entre las dos partes de la iglesia que conocemos comúnmente como clérigos y laicos. Se ha ido formando un concepto jerárquico del ministerio que separó estos dos grupos. Y como resultado se ha invalidado el sistema, y ahora los ministros de carrera, que son una minoría en la iglesia, han asumido la mayoría del trabajo del ministerio. Mientras tanto, al resto del cuerpo de Cristo —que es la mayoría— se les enseñó que no están calificados para el ministerio y han quedado reducidos a una multitud de espectadores.

Pero cuando Efesios 4 habla del rol de los apóstoles, los profetas, los pastores, los maestros y los evangelistas, el concepto que surge es muy distinto de lo que vemos como modelo en la iglesia moderna. El patrón del Nuevo Testamento es que los que ocupan puestos de ministerio a tiempo completo sirven al cuerpo de Cristo, capacitando a los santos para la obra del ministerio (Efesios 4.12). Si se comparara el cuerpo de Cristo con un equipo de fútbol los del ministerio a tiempo completo serían los aguateros, los que sirven al equipo y los ayudan, refrescándoles y equipándoles.

Pero los verdaderos ministros y embajadores del reino de Dios ante el mundo, los verdaderos futbolistas, son los cientos de millones de santos lavados con la sangre de Cristo que forman su cuerpo. Es trágica la pérdida que sufrimos al perpetuar esa mentalidad de que los pocos que somos ministros a tiempo completo somos los "verdaderos" ministros y que el resto no son más que espectadores.

Mi amigo, quiero que sepas que Dios quiere usar los dones que te dio —tu talento, tu llamado—, para que hagas un impacto en el mundo para gloria suya. ¡Usa la esfera de influencia en que Dios te haya puesto, para que avancen su reino y su autoridad!

Predica a Cristo o planta choclos

El hermano de un evangelista famoso al que llamaré Sam, explicó en broma una vez por qué era agricultor y no evangelista como su hermano. Dijo que un día su hermano estaba orando en un campo, cuando en el cielo se formaron —entre llamas de fuego— las letras "PC". El hermano dijo: "Señor, ¿qué significa esto?", a lo que el Señor respondió: "¡Predica a Cristo!". Después Sam dijo que salió al mismo campo y de nuevo aparecieron las letras "PC" entre llamas de fuego en el cielo. Y que le preguntó al Señor: "¿Eso significa que me estás llamando a predicar a Cristo?", pero que el Señor le dijo: "No, Sam. Quiero que tú plantes choclos".

> Dios quiere usar los dones que te dio —tu talento, tu llamado—, para que hagas un impacto en el mundo para gloria suya.

Aunque lo contó como un chiste, tiene una lección profunda. Sam no predicaba ante multitudes como lo hacía su hermano, pero Dios sí que lo usó como agricultor. Debido a su esfera de influencia en el mundo de los negocios pudo comunicar el evangelio a gente que jamás habría ido a oír a su hermano en una de sus cruzadas.

Como sucede con estos dos hombres, algunos estamos llamados a ser evangelistas y otros a ser agricultores. Dios nos usará a ambos para su gloria. Dios llama a algunas personas para usarlas para sus propósitos en el mundo de los negocios. A otros los llama a ser maestros, músicos, vendedores, ingenieros, médicos, abogados, políticos o cantidad de otras profesiones u oficios. A uno Dios puede llamarlo a predicar el evangelio y al otro, a que lo apoye económicamente. Los dos tienen el mismo valor y Dios les recompensará a ambos según hayan desempeñado su rol si los dos son obedientes y fieles a su llamado.

Médico cardiólogo

Un querido amigo mío, el Dr. Chauncey Crandal, es cardiólogo y muy reconocido en los Estados Unidos. Es un hombre de ciencia y de la medicina que ha alcanzado mucho éxito en su campo. Pero utiliza su influencia como plataforma en pro del reino de Dios. En su consultorio ora por sus pacientes y les habla del amor de Cristo por ellos. En verdad, le interesan los corazones de sus pacientes, el físico y el espiritual. Muchas veces, en su consultorio o en el hospital, ha habido milagros sobrenaturales de sanidad. Hoy lo invitan a hablar sobre lo milagroso desde el punto de vista médico, en conferencias y convenciones en todo el mundo. Su profesión le ha brindado una esfera de influencia única, un lugar en el que la mayoría de los predicadores jamás habrían logrado tener voz o credibilidad.

La difusión del evangelio a través de los negocios

Marie Green era hija die un evangelista y esposa de un pastor. Era extraordinario su amor por Dios, y eso se reflejaba en un corazón generoso que evangelizaba. Tejía carpetitas al crochet y las enviaba junto con otras cosas para recaudar dinero para las misiones. Tenía seis hijos —tres varones y tres niñas— y su más profundo deseo era ver crecer a sus hijos e hijas como siervos y siervas del Señor, trabajando para su reino. El ejemplo que ella les dio dejó una impresión indeleble en los seis y todos fueron ministros, con excepción de uno.

David era la "oveja negra" de la familia. No se sentía llamado a ser predicador, no sentía deseos de ser pastor de una iglesia ni de ser misionero, pero sí era bueno para las matemáticas y los negocios. Allí se movía como pez en el agua ¡y lo hacía muy bien! Pero cada vez que lo ascendían o alcanzaba algún logro, no recibía de su madre la afirmación que deseaba. Ella le decía: "Qué maravilloso, David, pero ¿qué estás haciendo para el Señor?". Eso le molestaba porque amaba a Jesús y quería servirle, pero Dios no lo había llamado a predicar.

En 1972 David abrió un negocio de reventa llamado Hobby Lobby y empezó a descubrir la voluntad de Dios para su vida. No sucedió de la noche a la mañana; es más, me dijo que no sabía que existía la opción de servir a Dios fuera del ministerio. Sin embargo, Dios fue mostrándole esta gran verdad con el paso del tiempo.

En los inicios de su carrera Dios le hizo saber a David que diera treinta mil dólares a un ministerio en particular. Y aunque no tenía ese dinero, hizo lo que podía para obedecer: dio lo que tenía, siete mil quinientos dólares por mes, durante cuatro meses. Después de haber dado ese dinero en obediencia al Señor, David descubrió que quien recibió la donación había estado de rodillas orando a Dios, pidiendo su ayuda, precisamente en el mismo momento en que Dios le había hablado a David sobre esa necesidad. Fue entonces que empezó a darse cuenta de que su capacidad para los negocios no era una coincidencia insignificante ¡sino un don que Dios le había dado para difundir el evangelio! A medida que siguió conociendo la voluntad de Dios pudo ver también que su negocio no le pertenecía en absoluto, sino que era de Dios.

Hoy David Green es multimillonario. Ha llegado a ver que su negocio es su ministerio y sirve a Dios en esa área con fidelidad junto a toda su familia. Hobby Lobby hoy tiene cientos de tiendas en cuarenta y un estados de la nación. Su declaración de visión dice: "Hobby Lobby trabaja junto a organizaciones que difunden la Buena Nueva de Jesucristo al mundo entero". David Green y su familia brindan apoyo a gran escala a ministerios y misiones de todo el mundo. ¡Y a través de ese apoyo creen que han podido llegar a más de un tercio de la población del mundo con el evangelio![17]

La familia Green no solo adelanta el reino de Dios con apoyo económico sino que ven cada uno de los aspectos de su negocio como oportunidad para comunicar el evangelio. No temen, y no retroceden en su misión de dar testimonio cristiano. Hobby Lobby tiene un capellán en la empresa y todos los días hay estudios bíblicos en el complejo de la compañía. Cientos de empleados le han entregado su corazón a Cristo en su lugar de trabajo y David sigue viendo el evangelio como fuerza motriz que impulsa su trabajo hacia el éxito. Él dice: "Nuestra organización quiere que se nos recuerde como una empresa que conoce la diferencia entre lo temporal y lo eterno. Nuestro negocio no es más que un medio, nuestro fin es tratar de llegar a más y más vidas, para la eternidad".[18]

La madre de David, Marie, murió en 1975, tres años después de que él fundara Hobby Lobby. Jamás llegó a ver cómo su hijo, la oveja negra de la familia, tocaría los confines de la tierra con el evangelio, de una manera que ya es histórica. Estoy seguro de que hoy sonríe desde el cielo al ver que su hijo sí cumplió la voluntad de Dios para su vida y que ha tenido un impacto para la eternidad, como muchos predicadores y misioneros jamás llegarían a hacerlo ni en sueños.

Técnicos para Jesús

Nuestro ministerio, Cristo para todas las naciones, ha organizado algunos de los eventos evangelísticos más grandes de la historia. Decenas de millones de personas han recibido a Jesucristo como Salvador durante nuestras campañas. De hecho, entre 2000 y 2009 solamente contamos más de cincuenta y tres millones de tarjetas de decisión, registradas por personas que recibieron a Jesucristo como su Salvador. Es una cosecha histórica que alcanza al continente de manera profunda.

Casi todos los que piensan en el ministerio de Cristo para todas las naciones lo relacionan con Reinhard Bonnke o conmigo, los predicadores. Pero algunas de las personas más importantes de nuestra obra ministerial trabajan tras bambalinas. Un componente absolutamente esencial en nuestra misión es el del equipo técnico. Son los hombres que conducen los camiones, que arman el escenario, las luces, el sistema de sonido, que se ocupan de los generadores y las cámaras, y que mantienen todo el equipamiento funcionando. Ellos sienten el mismo llamado a evangelizar que los predicadores y se toman su trabajo con la misma seriedad. Algunos hasta han entregado sus vidas como mártires, por el evangelio. Los celebramos ¡porque son campeones de la fe!

Uno de mis héroes es un hombre llamado Winfried Wentland. Hoy dirige nuestro equipo técnico y tiene la responsabilidad extremadamente importante de asegurarse de que todo el equipamiento para las campañas llegue al lugar indicado en el momento que corresponde. Winfried ha estado conduciendo nuestros camiones por todo el continente africano desde hace más de treinta años. Cruzó fronteras entre países, zonas de guerra, ríos inundados, selvas infestadas por la malaria, arriesgando su vida una y otra vez. Su vida estuvo en peligro de muerte una docena de veces.

Ha naufragado en un río infestado de cocodrilos y de allí han tenido que sacarlo. Quedó en el fuego cruzado entre ejércitos rebeldes, escapó de las manos de terroristas, ladrones, soldados infantiles (niños), y matones. Tuvo malaria más de veinte veces. Pocas personas han vivido tales aventuras y realizado hazañas tan heroicas por el evangelio. Pero Winfried dice: "Nadie debiera ni debe hacer algo como esto solo por sed de aventura, buscando algo especial, o un cambio de escenario. Esto no tiene que ver con la satisfacción personal. Para hacer este tipo de trabajo, aparte del llamado de Dios, necesitas muchísima perseverancia. La mayor parte del tiempo es trabajo de exigencia física, sucio, duro, rutinario".[19] Winfried y los hombres que trabajan con él son expertos, cada uno en su campo: ingeniería, electrónica, logística, etc. Y aunque esas vocaciones, por lo general, no se ven como relacionadas con el ministerio son absolutamente vitales para nuestra misión. Como resultado directo de sus esfuerzos decenas de millones de africanos han oído el evangelio y recibido a Jesucristo como su Salvador.

Hay personas llamadas al ministerio de predicación, con sus cinco aspectos y a tiempo completo. Otras son llamadas a hacer una variedad de cosas diferentes. En realidad, la mayoría de los cristianos son llamados a servir a Dios en las áreas de influencia "seculares". Pero hay algo seguro: No importa a qué te llame Dios, lo que hagas es para su gloria y el crecimiento de su reino.

Ya sea que Dios te llame al ministerio vocacional de tiempo completo, o a ser embajador suyo en el mundo de los negocios, de la ciencia, del gobierno, del entretenimiento o donde fuera, los principios siguen siendo los mismos y también son idénticas las claves para descubrir la voluntad de Dios, son iguales los desafíos y peligros, y al final la recompensa también es la misma. No es como piensan muchos, que Dios nos recompensa según cuánta gente hayamos llevado a Jesús. Nos recompensa basándose en nuestra obediencia y fidelidad a su llamado y voluntad. Sé fiel y obediente en el campo al que él te llame, cualquiera que sea, para que al final puedas oír esas palabras: "¡Hiciste bien, siervo bueno y fiel!" (Mateo 25:21).

Capítulo 3

¿CÓMO RECONOZCO CUÁL ES LA VOLUNTAD DE DIOS?

Un agricultor de Carolina del Norte vivía en la granja que había sido de su familia durante muchas décadas. Habían cultivado el mismo suelo por generaciones, sembrando y cosechando en los campos, año tras año. Finalmente el granjero murió y tras pertenecer durante más de doscientos años a la misma familia la propiedad fue adquirida por uno de los vecinos.

Cuando el nuevo dueño caminaba por el campo vio una roca grande, de aspecto inusual, que sobresalía de la tierra. La levantó y empezó a examinarla. Enseguida supo que no era una piedra común sino algún tipo de gema. La llevó a su casa, la lavó y la llevó a la joyería del pueblo donde vivía. El joyero confirmó lo que el hombre sospechaba: esa vieja piedra que había estado durante miles de años en ese campo era una enorme esmeralda sin tallar ¡y valía varios millones de dólares!

La esmeralda había estado esperando que alguien viniera y la "descubriera". Durante generaciones de granjeros, todos habían trabajado la tierra y, sin duda, la habían visto miles de veces sin prestarle atención porque para el observador casual no parecía ser más que una piedra común y corriente.

Este libro tiene que ver con que descubras la voluntad de Dios para tu vida. Cuando "descubrimos" algo, en realidad solo estamos hallando o quitando lo que cubre algo que ya existe, pero que nunca habíamos notado antes. Y si bien muchos buscan desesperadamente la voluntad de Dios para sus vidas, en realidad sucede que con frecuencia están buscando algo que tienen justo frente a sus ojos pero siguen buscando porque no lo reconocen. Para reconocer una piedra preciosa uno necesitaría conocer sus características, su aspecto. De la misma manera si queremos descubrir la voluntad de Dios para nuestras vidas tenemos que reconocer las características de la voluntad de él.

El sistema de posicionamiento global
[GPS, por sus siglas en inglés]
Escanea el código QR

o visita
Livebeforeyoudiebook.com1

Característica N° 1: Dios tiene una voluntad general y una específica

Hace poco acudió a verme un hombre que quería mi consejo en una situación muy difícil. Era esposo y padre, y había decidido dejar a su esposa por otra mujer. Sentía que esta otra era su "media naranja" y creía que Dios le había hablado diciéndole que se divorciara de su cónyuge para casarse con la otra. Cuando pidió mi consejo en este asunto supe de inmediato cuál era la voluntad de Dios para esta situación. Le dije, sin que pudiera malinterpretar ni una palabra, que la voluntad de Dios *no sería en absoluto* que dejara a su esposa por otra mujer, y que Dios *no le había dicho* que hiciera tal cosa.

Te preguntarás: "¿Cómo podías saberlo? ¿Te habló una voz desde el cielo? ¿Recibiste palabra profética acaso?". No. Ni siquiera tuve que orar al respecto. Sabía que no era la voluntad de Dios que ese hombre dejara a su esposa y cometiera adulterio (Mateo 5:28) sencillamente por lo que Dios ya nos ha revelado en su Palabra.

Cuando comenzamos a marchar en busca de la voluntad de Dios para nuestras vidas es probable que nos parezca que las opciones a las que Dios nos está llamando no tienen fin. Eso puede ser abrumador. Pero la buena noticia es que Dios ya se ha ocupado, y mucho, de revelarnos en su Palabra cuál es su voluntad para todos. A esto lo llamo "voluntad general de Dios". Aunque además de esta Dios tiene algo hecho a la medida para cada uno. Lo llamo "voluntad específica de Dios".

Con todo, es importante entender que la voluntad específica de Dios para tu vida jamás irá en contra de su voluntad general, lo que ya nos reveló en su Palabra. Entender esto nos ayudará a discernir muy pronto entre la enorme cantidad de opciones, eliminando la confusión al instante. Digamos, por ejemplo, que oyes una voz que te dice que abras un club cristiano de nudistas, o que armes un cartel de narcotraficantes cristianos. Podrás tener la certeza de que la voz que oyes no viene de Dios.

Sí, tal vez sean ejemplos extremos; pero el problema es que tampoco es tan descabellado como podrías pensar. Jamás deja de asombrarme la cantidad de cosas que a lo largo de la historia se han hecho porque determinadas personas pensaron que estaban cumpliendo la voluntad de Dios cuando, en realidad, lo que hacían iba completamente en contra de la Palabra revelada de Dios. Hubo gente que se llamaba cristiana en el cumplimiento de la voluntad de Dios que fue a las Cruzadas en la Edad Media y las atrocidades cometidas en esa época no podrían ser más contrarias a las enseñanzas de Jesús. También el Ku Klux Klan usa la Biblia para justificar su detestable actividad. Según Jesús estos odiosos hipócritas son asesinos de corazón y, de hecho, hay mucha gente que ha hecho cosas atroces en nombre de Dios. Muchos creían sinceramente que estaban cumpliendo la voluntad de Dios. Pero esa confusión es innecesaria puesto que Dios ya ha revelado con toda claridad su voluntad general para todos en su Palabra, de manera que solo necesitamos hacer de ella nuestra brújula y nuestra guía.

Este libro te hablará más que nada de descubrir la voluntad de Dios específica para tu vida. Es algo solo para ti, como persona, algo que tienes que descubrir tú. Pero para buscar la voluntad de Dios con nuestras vidas tenemos que empezar por la Palabra de Dios. Al seguir los principios de las Escrituras podremos navegar en el océano de opciones y oportunidades sin naufragar. Más allá de lo que hagas en la vida, tendrá que estar en línea con la Palabra de Dios. Él *jamás* te llamará a hacer algo que vaya en contra de su Palabra.

Característica N° 2: Dios tiene una "buena voluntad" y una "voluntad perfecta"

Dios tiene un plan maravilloso para nuestras vidas. Pero como nos dio la libertad de decidir si vamos a seguir su voluntad o no, parecería que en realidad tenemos cuatro posibilidades para responder en cuanto a cómo descubrir esa voluntad de Dios con nuestras vidas.

1. **Podemos conformarnos con seguir desconociendo o ignorando la voluntad de Dios.** No se aplica a ti, porque si así fuera no estarías leyendo este libro. Es obvio que tu corazón desea profundamente descubrir la voluntad de Dios para tu vida. Y la descubrirás.
2. **Podríamos saber qué es lo que Dios quiere que hagamos pero decidir que desobedeceremos y haremos las cosas a nuestro modo.** Eso es desobediencia, que da de frente contra la voluntad de Dios. Es la rebeldía obstinada de la carne humana.
3. **Podríamos saber cuál es la voluntad de Dios y seguirla en parte, pero haciendo menos de lo que Dios quiere.** Es el desafío más grande, el que la mayoría enfrenta en su vida. No estarías leyendo este libro si no te interesara hallar la voluntad de Dios. Pero conformarte con menos de lo mejor que él tiene para ti suele ser lo más fácil. Y, por lo general, lo bueno suele ser enemigo de lo mejor.
4. **Podemos optar por luchar por nada menos que lo mejor de Dios para nuestras vidas.** Este es el gran desafío para muchos, dado que la impaciencia por conseguir lo que queremos es una fuerza poderosa. Pero si realmente creemos que Dios tiene una voluntad perfecta para nosotros y que siempre es mejor que la nuestra, estaremos dispuestos a esperar y a luchar por ello si es necesario.

En la vida cristiana hay un conflicto perpetuo entre lo "bueno" y "Dios". Por ejemplo, he visto cristianos que se casaron con el cónyuge equivocado porque no querían esperar a que Dios les enviara el correcto. Dios les permitió hacer lo que querían y en algunos casos incluso redimió malas situaciones, para su gloria. Sin embargo, cada vez que decidimos desobedecer y hacer las cosas a nuestro modo, se pierde algo que jamás podrá restaurarse. Dios perdona y sana, pero no hace retroceder el reloj.

A veces me pregunto si un día el Señor nos mostrará cómo podría haber sido nuestra vida y de qué manera nos habría bendecido si solo hubiéramos obedecido. Un autor anónimo escribió un poema muy conocido, que dice:

> Cuando esté ante el trono del juicio de Cristo
> y me muestre su plan para mí,
> ese plan para mi vida como podría haber sido
> si se hubiera cumplido lo que él quería, veo
> cómo se lo impedí en un punto y otro
> y no quise ceder.
> ¿Veré dolor en los ojos de mi Salvador?
> ¿Pena, a pesar de que sigue amándome?
> Me quería rico, y aquí estoy, pobre y
> desnudo, sin nada más que su gracia,
> y mientras mi memoria avanza veloz por los caminos
> que no podré volver a recorrer, mi corazón
> podría partirse, con lágrimas que no puedo derramar.
> Me cubriré el rostro con las manos vacías
> e inclinaré mi cabeza sin corona.
> Ahora, Señor de la vida que me queda,
> me entrego en tus manos.
> Tómame, fórmame, moldéame,
> según el patrón que habías planeado.[20]

Dios tiene una "buena" voluntad para tu vida pero también tiene una "perfecta". Su voluntad perfecta y las bendiciones que la acompañan están reservadas para quienes están dispuestos a ser obedientes en todo, a esperar cuanto haga falta. Quienes tardan en aprender esta lección recorrerán el desierto varias veces y soportarán mucho dolor innecesario, pérdidas que no debían sufrir.

Hay momentos en que los caminos de Dios pueden parecer muy difíciles, muy prolongados, sin recompensa alguna, y nuestra idea puede parecer mucho más fácil, rápida y gratificante. Pero no es más que una ilusión. Al reflexionar en el pasado, siempre veremos que el plan de Dios es mucho mejor que el nuestro. Jamás habrá una excepción a esta regla, de modo que mejor decide a partir de ahora entregarte a la voluntad de Dios, hacer las cosas a su modo y esperar lo mejor que Dios tiene reservado para ti.

Característica N° 3: Dios nos llama casi siempre a hacer lo imposible

En el mercado hay muchos libros sobre cómo mejorar, cómo alcanzar el éxito personal. Nos dicen que si logramos aprender a dejar los malos hábitos y actitudes reemplazándolos por otros que sean buenos, el resultado será la riqueza, la salud, la plenitud y la felicidad. Muchos de los principios que enseñan en realidad son verdades espirituales universales tomadas de la Palabra de Dios, adaptadas luego para que encajen en cantidad de diversas aplicaciones. Son como porristas que desde un lado de la cancha gritan: "¡Tú puedes! ¡Sí que puedes!".

Este libro no es como aquellos otros. El contenido de estas páginas no tiene como fin desafiarte a "crecer", "desarrollarte", "lograr" o "cambiar", sino a que le entregues tu vida a Dios. Si la filosofía del "Tú puedes" fuese cierta, no necesitaríamos al Espíritu Santo, ¿verdad? La mentalidad del "Tú puedes" tiene que cambiarse por otra que diga, en esencia: "No puedo hacerlo por mis propios medios, pero todo lo puedo por medio de Cristo. Con su ayuda y su bendición todo es posible". Hallar la voluntad de Dios siempre requerirá fe para lo imposible, y que dependas de él como un niño. La Biblia está llena de relatos de hombres y mujeres que hallaron su destino en la perfecta voluntad de Dios haciendo cosas que por sus propios medios les eran imposibles.

Noé y su proyecto imposible

Dios le encomendó a Noé que construyera un barco del tamaño de un portaaviones, ¡a mano! El arca era un barco enorme, tan grande como para llevar ejemplares de cada una de las especies animales, anticipándose a un diluvio global. Imagina lo imposible que era construir un barco así a mano y, nada menos que, llenándolo con todos esos animales. Pero Noé lo hizo con la ayuda y la gracia de Dios. Los ingenieros han estudiado las dimensiones del arca como aparecen en la Biblia, ¡y hallaron que su diseño tenía las proporciones perfectas para la máxima flotabilidad y navegabilidad![21] Hace ya miles de años el arca usó los principios de la ingeniería y la construcción de barcos que el hombre descubrió hace muy poco tiempo. Noé jamás habría podido calcular todas esas cosas por sus propios medios, pero Dios sabía desde siempre cómo construir el barco perfecto. Lo único que tenía que hacer Noé era escuchar y obedecer. A la gente de la época le habría parecido que Noé estaba completamente loco porque pasó décadas trabajando para construir ese barco enorme. Pero cuando empezó a subir el agua, Noé sí que se alegró por haber seguido al pie de la letra las instrucciones de Dios.

Abraham y su promesa imposible

Cuando Abraham ya era anciano, Dios le dijo que iba a tener tantos descendientes como estrellas hay en el cielo, como granos de arena hay en el mar. ¿Cómo iba a ser posible algo así? Él y su esposa Sara ya eran demasiado viejos. Pero Abraham creyó en su corazón que Dios era fiel y capaz de cumplir sus promesas. Y fue "padre de muchas naciones", tal como lo había dicho el Señor aunque desde el punto de vista meramente natural y biológico haya sido algo imposible.

Moisés y su mensaje imposible

Moisés tenía ochenta años cuando estuvo ante la zarza que ardía con la gloria de Dios. Dios le dijo que sacara de Egipto a unos dos millones de personas para llevarlas a la tierra que él le había prometido a Abraham más de setecientos años antes. Moisés tenía muchas razones por las que no se consideraba apto para la tarea. Era muy viejo. Muy tímido. Nadie quería escucharlo. El faraón probablemente lo mataría. E incluso si lograba organizar al pueblo, y tomando en cuenta que el faraón les diera permiso para irse, ¿cómo iba a guiar y a atender a dos millones de personas en un desierto caliente, sin comida, sin agua? Pero a pesar de esos enormes obstáculos, Moisés simplemente se sometió a su destino, obedeció en todo lo que podía, y ¡Dios hizo el resto! La historia de la fidelidad, provisión y protección de Dios en el libro de Éxodo es uno de los relatos más notables de toda la Biblia.

María y su embarazo imposible

El ángel Gabriel visitó a una jovencita llamada María, y le dijo que ella había hallado gran favor en Dios y que había sido escogida para dar a luz al Mesías de Israel. Como era virgen todavía, al principio la joven cuestionó la posibilidad de que eso sucediera. Pero María se sometió a la voluntad de Dios aun cuando no lograba entenderla del todo y como resultado cumplió su destino al dar a luz y criar al Hijo de Dios.

Podría seguir enumerando ejemplos de la Biblia, con una interminable lista de personas a quienes Dios llamó a hacer cosas asombrosas, maravillosas. A lo largo de la historia Dios siempre escogió gente muy común y corriente para hacer cosas muy extraordinarias. A veces llamó a varones y, en otras ocasiones, a mujeres. Unas veces eran jóvenes y otras, ancianos. Algunos eran instruidos y otros casi eran analfabetos. Sin embargo, todos tenían algo en común: habían sido llamados por Dios a ser parte de algo mucho más grande que ellos mismos. Y puesto que estuvieron dispuestos a sencillamente entregarse a aquel que los había creado y a permitir que sus propósitos se revelaran en y a través de ellos, Dios los usó de manera fenomenal. La evangelista Kathryn Kuhlman dijo una vez: "Dios no busca vasijas de plata. No necesita vasijas de oro. Solo necesita vasijas abiertas y dispuestas".[22]

> A Dios le agrada hacer cosas a través de nosotros que solamente él puede hacer, para que finalmente sea él quien reciba toda la gloria, la honra y la alabanza.

Al parecer una de las características comunes de la voluntad de Dios es que suele llamarnos a hacer cosas que por nuestros propios medios nos serían imposibles. Pero cuando le entregamos nuestras vidas ¡hace que sus planes y sueños divinos se conviertan en realidad! A Dios le agrada hacer cosas a través de nosotros que solo él puede hacer, para que al final sea él quien reciba toda la gloria, la honra y la alabanza.

Característica N° 4: Hay épocas y tiempos en la voluntad de Dios

Mientras buscamos la voluntad de Dios es fácil que sintamos frustración si no entendemos que así como hay épocas y estaciones en la naturaleza, también las hay en nuestras vidas y en el proceso de cumplir la voluntad de Dios. A eso se refería Pablo cuando declaró: "No nos cansemos de hacer el bien, porque a su debido tiempo cosecharemos si no nos damos por vencidos" (Gálatas 6:9).

Hace años se reunió un grupo de misioneros mayores, en una conferencia, para hablar de los principios de la vida que habían ido descubriendo a lo largo de su experiencia, que combinada sumaban siglos de trabajo. Querían comunicarles esta riqueza de conocimientos a las generaciones que les seguirían. Mientras contaban sus historias, comenzó a surgir un patrón conocido. Veían que todos habían pasado por etapas comunes en sus ministerios y pudieron identificar un fascinante proceso cíclico de cinco pasos por los que Dios les había hecho pasar a todos. Veamos a continuación el resumen de lo que descubrieron estos veteranos del ministerio:

Primera etapa: Nacimiento de la visión

Antes de que pudiera existir algo tangible, esos líderes habían tenido una visión impartida por el Espíritu Santo. En sus primeros tiempos la visión podía ser muy general, con pocos detalles evidentes sobre cómo la concretarían en realidad. Pero era una visión muy real de todos modos, que traía consigo una sensación de entusiasmo y la permanente consciencia de que venía del Señor.

Segunda etapa: Lugar de preparación

Tras haberse impartido la visión en los corazones de esos líderes, llagó el momento de prepararse para trabajar en la visión. A veces esa época duró semanas. En ocasiones ese período para echar los cimientos duró meses o años. Hallaron también que fue la etapa en la que se abortaba la mayoría de los sueños de Dios para las personas puesto que hay quienes se niegan a hacer el trabajo necesario. El Señor les da una visión a muchos. Pero si no se abraza y cultiva la visión a lo largo de la temporada en que uno ha de prepararse, esa visión invariablemente morirá. Cuando Dios nos da una visión tenemos que actuar, ya que de otro modo jamás llegará a ser más que una fantasía.

Uno puede prepararse de distintas formas. A veces se trata de un tiempo largo de oración. O de dedicar tiempo, dinero y estudio, de servir a otro en su visión, o de trabajar para alguien más para poder adquirir experiencia y los beneficios que esta trae. Si uno no se prepara adecuadamente, es casi seguro que fallará en algún momento en el futuro.

Tercera etapa: El desierto y las dificultades

Uno de los conceptos más erróneos que abundan en cuanto a descubrir la voluntad de Dios es que si algo forma parte realmente del plan de Dios para ti ¡no habrá dificultades para lograrlo! ¡Y eso es un mito! Si Dios te ha llamado a hacer algo, es casi seguro que encontrarás bastantes problemas y dificultades. En realidad, es posible que Dios permita que haya fracasos en el camino dado que a él le interesa más el obrero que la obra. A veces Dios incluso sacrifica alguna obra para perfeccionar a un obrero. Esta etapa de dificultades es el suelo que prueba la fidelidad y sencillamente no hay nada que pueda reemplazarla. (Podrás leer más sobre esta época de "desierto" y problemas en el capítulo 16.)

Cuarta etapa: El escenario donde se concreta la visión

Estos líderes encontraron en todos los casos que el cuarto paso del proceso era el escenario donde se concreta la visión. Es ese lugar que todos esperamos y anhelamos, donde finalmente podemos disfrutar del fruto de habernos preparado con diligencia, y disfrutamos de la fidelidad de Dios.

Quinta etapa: El lugar de los nuevos comienzos y la visión

Esta quinta etapa tal vez sea el descubrimiento que más sorprende porque fue aquí que esos líderes hallaron que el Espíritu Santo los desafiaba a una nueva visión. Para algunos era completamente nueva. Para otros era una ampliación de justamente lo que Dios les había dado que hacer en un principio. Esos veteranos vieron que la concreción de sus sueños no era un destino sino un paso más en el ciclo que seguiría repitiéndose a lo largo de sus vidas. Dios les llevaba de nuevo a la primera etapa de la nueva visión, por lo que debían prepararse más, y atravesar nuevas dificultades, antes de poder concretar el siguiente nivel.

Los líderes llegaron a la conclusión de que sus vidas habían sido un ciclo continuo de expansión de la visión. Dios les confiaba más, y necesitaban prepararse más, por lo que la intensidad de las batallas que enfrentaban siempre aumentaba.

Característica N° 5: A Dios le interesa nuestra marcha, no solo nuestro destino

¿Por qué seguimos aquí? Jesús murió en la cruz hace dos mil años y completó la obra de la salvación "de una vez por todas". Así que, ¿por qué no viene en el Rapto y nos lleva a todos para que podamos estar con él? Un hombre me dijo que todos estamos esperando que Jesús edifique nuestras mansiones en el cielo. Y yo pensé: "Le llevó solo seis días crear el universo entero. Tu mansión, en verdad, ¿podrá ser algo tan difícil?".

Si yo fuera ese tipo y pensara que lo único que demora la venida del Señor es mi mansión, oraría diciendo: "Señor, olvídate de la mansión. ¡Solo ven ya y sácame de aquí!". Y ¿por qué no habría pensado de antemano el Dios omnisciente en tener listas ya esas mansiones? Es obvio que aquí sucede algo más. Me parece evidente que a Dios le interesa no solo nuestro destino final sino también el camino, ya que es en ese viaje que él obra en nuestras vidas, y esa obra tiene un valor eterno.

Como padre de niños pequeños y maravillosos puedo decir que cuando los pequeños suben a un vehículo solo piensan en una cosa: llegar a su destino. A los cinco minutos de empezar un viaje de cinco horas, ya preguntan: "¿Falta mucho? ¿Ya llegamos?". Y no dejarán de preguntarlo hasta que hayamos llegado.

Así somos muchos en lo que respecta a la voluntad de Dios para nuestras vidas. Solo queremos llegar ahí. Queremos oír la voz del GPS que dice: "Has llegado". Pero en la mayoría de los casos pasa mucho tiempo entre el momento en que Dios nos llama y el punto en que cumplimos su voluntad para nuestras vidas. Lo que tenemos que entender es que el viaje es un proceso importante que a Dios le importa mucho. El proceso de seguir a Dios en obediencia, paso a paso, por muchas cosas desconocidas, por pruebas y dificultades, es parte importante de nuestro desarrollo y preparación.

Un día un pequeño halló una mariposa que intentaba salir de su capullo. El niño decidió que la ayudaría porque veía lo difícil que resultaba el proceso. Sin embargo, tras abrir el capullo con sus uñas, vio que la mariposa que había dentro estaba débil, encogida, tan frágil que poco después murió. Lo que no sabía ese pequeño es que la fuerza que necesitaba hacer la mariposa para romper el capullo es necesaria para su desarrollo. Sin la pelea que significa el capullo, la mariposa no tiene fuerzas para sobrevivir cuando finalmente logra salir.

A Dios le interesa no solo nuestro destino final sino también el camino, ya que es en ese viaje que él obra en nuestras vidas, y esa obra tiene un valor eterno.

Dios usa la jornada para enseñarnos la fe, para refinar nuestro carácter, a fin de capacitarnos para los desafíos mayores que enfrentaremos luego. "Si los que corren a pie han hecho que te canses, ¿cómo competirás con los caballos? Si te sientes confiado en una tierra tranquila, ¿qué harás en la espesura del Jordán?" (Jeremías 12:5).

En la mayoría de los casos, sin esa marcha no estaríamos preparados para entrar en la plenitud que Dios nos tiene reservada. Esa jornada no solo es necesaria para cumplir la voluntad de Dios en nuestras vidas. En muchos aspectos, forma parte integral de esa voluntad de Dios.

En verdad, incluso si estás en el proceso de buscar la voluntad de Dios en este mismo momento, ya estás cumpliendo una parte. En el Salmo 32:8 Dios promete: "Yo te instruiré, yo te mostraré el camino que debes seguir; yo te daré consejos y velaré por ti". Te pido que no cometas el error de pensar siquiera por un momento que solo porque hoy no sabes cuál es la voluntad de Dios para tu vida no estás avanzando. En este mismo instante está sucediendo algo. Algo que hace crecer tu fe, algo que pone a prueba tu paciencia. Algo que sintoniza tus oídos espirituales mientras escuchar la voz del Espíritu de Dios. Estás enfrentando dudas y preguntas, o tal vez pasando por una gran dificultad. Pero esa dificultad forma parte del proceso de hacer que nazca todo lo que Dios quiere hacer en tu vida. Dios *siempre* nos prepara de antemano para lo que nos tiene reservado. Puede ser un proceso incómodo, pero de todos modos es necesario. Prepárate. ¡Te esperan cosas buenas!

Capítulo 4

¿QUÉ PASA SI DIOS ME LLAMA A HACER ALGO QUE NO QUIERO HACER?

A menudo, mientras iba creciendo en la iglesia, me confundía la letra de algunos himnos o canciones. Por ejemplo, cada vez que se cantaba sobre "la cosecha" yo entendía que estaban haciendo referencia al maíz, a los choclos, y me preguntaba para qué querrían choclos. Los temas espirituales, ya sea al hablar o al cantar, pueden confundir fácilmente la mente de un pequeño y aunque no tardé en entender de qué trataba la letra, el tema de la voluntad de Dios siguió siendo bastante confuso para mí durante un tiempo. Recuerdo otra canción que solíamos cantar, por lo general después de que algún misionero nos contara historias deprimentes sobre los problemas y el duro trabajo del campo de misión:

> Jesús, úsame. Oh, Señor, no me descartes;
> Seguro hay un trabajo que tengo que cumplir.
> Y aunque sea humilde, ayúdame a derribar mi propia voluntad,
> aunque grande sea el costo, yo trabajaré para ti.[23]

Aunque son palabras maravillosas en sí mismas, había algo en la combinación de la letra, la música y el contexto que hacía que temiera a la voluntad de Dios para mi vida. Pensaba que tal vez tendría algo sencillamente terrible para mí. Sabía que iba a enviarme al medio de la selva, donde habría tan solo una choza de barro y tendría que comer raíces hasta que me comieran los caníbales. Cuando recuerdo eso me divierte aquella ingenuidad que tenía de niño. Pero lo cierto es que hay muchas personas que realmente tienen miedo a descubrir la voluntad de Dios para sus vidas, aunque sea un temor subconsciente. Piensan: "¿Y qué, si Dios quiere que yo haga algo que no quiero hacer?", "¿Y si Dios quiere que haga algo que no sé hacer, algo que no se me da con facilidad?", "¿Y si Dios quiere algo contrario a mis esperanzas y sueños?". Pienso que a veces hay personas que no descubren la voluntad de Dios sencillamente porque temen hacerlo.

Acababa de predicar en una universidad bíblica y se me acercó un alumno. Le faltaba poco para graduarse y había estado buscando la voluntad de Dios durante varios años, pero seguía sin rumbo. Me dijo: "¿Cómo puedo saber qué es lo que Dios quiere que haga con mi vida?". Estábamos cerca de una lámpara y vi que no estaba enchufada. Señalé el enchufe que estaba en el piso y le dije: "¿Cómo sabes para qué es ese dispositivo con patitas? ¿Será para que me lo ponga en la oreja o para que me peine?". Y él dijo: "Claro que no. Es un enchufe". ¿Cómo era que lo sabía? Por su forma. Es que el enchufe encaja perfectamente en el tomacorriente, por lo que no hay dudas de para qué se fabricó. Hasta un niño que jamás haya visto un tomacorriente o un enchufe podría darse cuenta de que son el uno para el otro.

Esa es una de las formas en que puedes saber qué es lo que Dios quiere de ti. ¿Dónde encajas? ¿Qué cosas disfrutas? ¿Qué te da deleite y satisfacción? He oído que algunos enseñan que la voluntad de Dios siempre es difícil y requiere de gran sacrificio. Pero he visto también que la gente más efectiva en cualquier ministerio, ocupación o tan solo en la vida en general, no son los que se obligan a hacer algo terrible porque sienten que es voluntad de Dios. Más bien son aquellos que hacen algo de lo que disfrutan tanto que se sienten culpables por cobrar un salario haciéndolo.

Cuando encuentras algo que te hace querer levantarte de un salto por la mañana, cuando hallas algo que es un desafío, que te entusiasma, si tropiezas con algo que percibes que te va perfectamente, es muy probable que estés cerca de descubrir la voluntad de Dios para tu vida. Eso no significa que nunca hagan falta la obediencia, el morir al propio yo, el sacrificio. Pero cuando uno hace aquello para lo que fue creado, el sacrificio tiene un sabor dulzón, la obediencia da sentido de logro y el sufrimiento incluye una paciente esperanza.

Si había alguien que sabía lo que es sufrir fue Pablo, el apóstol. En 2 Corintios 11:23-28 dice que sufrió "en trabajos más abundante; en azotes sin número; en cárceles más; en peligros de muerte muchas veces. De los judíos cinco veces he recibido cuarenta azotes menos uno. Tres veces he sido azotado con varas; una vez apedreado; tres veces he padecido naufragio; una noche y un día he estado como náufrago en alta mar; en caminos muchas veces; en peligros de ríos, peligros de ladrones, peligros de los de mi nación, peligros de los gentiles, peligros en la ciudad, peligros en el desierto, peligros en el mar, peligros entre falsos hermanos; en trabajo y fatiga, en muchos desvelos, en hambre y sed, en muchos ayunos, en frío y en desnudez; y además de otras cosas, lo que sobre mí se agolpa cada día, la preocupación por todas las iglesias".

Pero también fue Pablo quien dijo: "Tengo por cierto que las aflicciones del tiempo presente no son comparables con la gloria venidera que en nosotros ha de manifestarse" (Romanos 8:18). Y Santiago incluso llega a decir: "Hermanos míos, tened por sumo gozo cuando os halléis en diversas pruebas" (Santiago 1:2). ¿Cómo es posible tener por gozo la dificultad, las pruebas, el sufrimiento? Es posible porque cuando estamos en la voluntad de Dios, nos acompaña una gracia inexplicable.

La gracia viene con el don

Efesios 4 es un capítulo fascinante que nos ayuda a entender cómo actúan la voluntad y el llamado de Dios.

- El versículo 11 nos habla de los cinco llamados de Dios a los hombres: "a unos, apóstoles; a otros, profetas; a otros, evangelistas; a otros, pastores y maestros".
- El versículo 8 nos dice de dónde viene el llamado: "Por lo cual dice: Subiendo a lo alto, [Jesús] llevó cautiva la cautividad, Y dio dones a los hombres".
- El versículo 12 nos dice por qué somos llamados: "a fin de perfeccionar a los santos para la obra del ministerio, para la edificación del cuerpo de Cristo".
- El versículo 13 nos dice lo que lograrán estos llamados en la iglesia: "hasta que todos lleguemos a la unidad de la fe y del

> conocimiento del Hijo de Dios, a un varón perfecto, a la medida de la estatura de la plenitud de Cristo".

Aunque aspiramos a ser cada vez más como Jesús, la verdad es que como personas ninguno de nosotros llegará jamás a cumplir con el parámetro de la perfección o el poder de Cristo en nuestras vidas mortales. Pero como cuerpo colectivo no solo podemos llegar a la medida de la plenitud de Cristo sino que ¡lo haremos! Dios le ha dado a su iglesia cinco dones que nos ayudarán a alcanzar esa plenitud: los apóstoles, los profetas, los pastores, los evangelistas y los maestros. Notarás que son cinco dones dados a la humanidad cuando Jesús ascendió a los cielos, no como llamados al azar. Son cinco facetas del ministerio de Cristo mismo. Jesús fue el más grande apóstol, profeta, pastor, maestro y evangelista que haya habido y cuando ascendió a los cielos su provisión fue que su agenda, su obra, continuara en la tierra. Por eso les dio a hombres y mujeres los dones necesarios para capacitar a los santos a fin de hacer la obra de su ministerio. Según Efesios 4:13 como resultado final, el cuerpo de Cristo (el pueblo de Dios) llegará "a la medida de la estatura de la plenitud de Cristo". ¡Qué glorioso destino!

Hay una razón por la que son tan importantes y potentes estos cinco dones para el ministerio, la encontramos en Efesios 4:7: "Pero a cada uno de nosotros fue dada la gracia conforme a la medida del don de Cristo". ¡Con cada don viene la gracia! Jesús es la más plena expresión de los cinco ministerios pero cuando ascendió, distribuyó el 20 por ciento de su ministerio a los apóstoles, el 20 por ciento a los profetas, el 20 por ciento a los pastores, el 20 por ciento a los maestros y el 20 por ciento a los evangelistas. Y no solo nos dio los dones, sino también la gracia según la medida del don.

> Cuando Dios te llama a hacer algo siempre te proveerá de la perfecta medida de gracia para que puedas usar ese don.

¿Alguna vez en tu infancia recibiste un regalo especial para tu cumpleaños y luego cuando abriste el paquete viste que necesitaba baterías para funcionar? Cuando Jesús te da un don, también te da las baterías que requiere ese don para funcionar. La batería para "el regalo de Cristo" es la gracia. Pero te dará solo la medida de gracia que necesitais para el don que te ha dado.

Oigo que muchos predicadores hablan del "agotamiento" en estos días y no me sorprende. Imagina a un pastor puro, con dones maravillosos para su oficio como pastor. Utiliza el 100 por ciento del don que Dios le dio para su ministerio pero ese don solo constituye el 20 por ciento de lo que necesita su congregación. Este precioso pastor trabaja día y noche tratando de proveer el 100 por ciento de lo que requiere la iglesia para perfeccionarse y edificar, como lo describe Efesios 4:12 y, sin embargo, ¡solo tiene el 20 por ciento de la gracia para cumplir con ese trabajo!

Cualquiera podría ver que la fórmula lleva al desastre. Si el cuerpo de alguien solo tiene un 20 por ciento de funcionalidad, diríamos que es una persona discapacitada. Si un avión perdiera su capacidad para operar y solo le quedara un 20 por ciento, tendría que efectuar un aterrizaje de emergencia. Si un negocio solo pudiera operar al 20 por ciento, pronto iría a la quiebra.

En Filipenses 1 Pablo les habla a sus socios en el ministerio (los que le sostenían económicamente). En el versículo 5 expresa su gratitud por esa asociación en la obra del evangelio y en el versículo 7 dice: "todos vosotros sois participantes conmigo de la gracia". ¿Ves que en verdad puedes participar de la gracia que otro recibe en su vida? Al trabajar junto al don de Pablo ellos eran partícipes de su gracia. Volvamos al ejemplo del pastor agotado. En lugar de tratar de cubrir el 100 por ciento de las necesidades de su iglesia con el 20 por ciento de don y de gracia, debiera asociarse con otros que tengan dones en áreas en las que él no los tiene. Si se asocia con sus dones, también ellos serán partícipes de su gracia y toda la iglesia se beneficia.

> Cuando el don y la gracia de Dios están en una persona para determinada tarea o llamamiento, podrá cumplir con gozo lo que para otros sería difícil o casi imposible.

Es un principio simple pero muy profundo y Efesios 4:7 lo presenta en pocas palabras: "Pero a cada uno de nosotros fue dada la gracia conforme a la medida del don de Cristo". ¡La gracia viene con el don!

Aunque este versículo está ubicado en el contexto de los cinco dones del ministerio, no es aplicable para los que han sido llamados al "ministerio de tiempo completo" solamente. La Biblia dice que esta gracia es para *cada uno de nosotros*, según la medida del don de Cristo. Cada vez que Dios te llama a hacer algo, te dará la perfecta medida de gracia para que tu don pueda funcionar. Pero cada vez que intentes operar fuera de tu don, hallarás que te resulta difícil, una carga muy pesada, y te apenarás, porque para eso no habrá gracia.

Toma, por ejemplo, a alguien llamado a vivir en celibato. Pablo el apóstol era alguien así. De hecho dijo en 1 Corintios 7 que permanecer soltero era algo bueno y hasta dijo en el versículo 7: "Quisiera más bien que todos los hombres fuesen como yo; pero cada uno tiene su propio don de Dios, uno a la verdad de un modo, y otro de otro". Aunque Pablo prefería la soltería y deseaba que todos pudieran ser solteros como él, tenía la sabiduría para reconocer que su capacidad para vivir feliz y plenamente sin una esposa, era un don especial de Dios.

Pablo entendía que sin el don no habría gracia. Y por eso advirtió en contra de los que querían prohibir el matrimonio (1 Timoteo 4:3). Hemos visto en la Iglesia Católica Romana moderna sacerdotes a quienes se les prohíbe casarse, aunque muchos no tienen ni el don ni la gracia para permanecer solteros. Como resultado ha habido un terrible escándalo internacional que avergüenza a la cristiandad y que ha puesto tras las rejas a muchos sacerdotes. La soltería de Pablo era un don, por lo que junto con el don Dios le había dado la gracia. Sin la gracia Pablo no habría visto la soltería como un don, sino como una carga.

Hay algo más que resulta interesante. Como a Pablo se le dio el llamado, el don y la gracia para vivir en celibato, dijo: "Quisiera más bien que todos los hombres fuesen como yo". He observado que cuando el don y la gracia de Dios están en una persona para determinada tarea o llamamiento, a la persona le parece natural y obvio, y piensa que todo el mundo también debiera hacer lo mismo. De este principio hay dos lecciones que podemos aprender.

Ante todo, no cometas el error de tratar de obligar a quienes te rodean para que hagan los que Dios te llamó a hacer. Y no los desprecies por hacer algo que no es lo que te parece tan importante. Reconoce, como dijo Pablo, que: "cada uno tiene su propio don de Dios, uno a la verdad de un modo, y otro de otro". Y en segundo lugar, si piensas que alguien debiera estar haciendo algo en particular, es muy probable que se trate de lo que *tú* estás llamado a hacer. Si piensas que todos debieran ser evangelistas, probablemente tú seas evangelista. Si piensas que todos debieran ser activistas políticos, ¡entonces probablemente sea a eso que te ha llamado Dios!

Cuando el don y la gracia de Dios están en una persona para determinada tarea o llamamiento, podrá cumplir con gozo lo que para otros sería difícil o casi imposible. Es interesante que cuando yo era pequeño sintiera terror ante la idea de tener que ir a la selva para obedecer el llamado de Dios, pero hoy voy muy seguido a "la selva" a predicar el evangelio en África y el mundo entero. Y no conozco qué otra cosa preferiría hacer. Amo mi vida, y amo mi vocación como misionero evangelista. Lo que cuando niño yo no podía tomar en consideración es esta gran verdad: la gracia viene con el don y la gracia es la que marca toda la diferencia.

Entendiendo esto jamás necesitarás sentir miedo a descubrir la voluntad de Dios para tu vida. Si él te llama a hacer algo también te dará la gracia para que lo hagas. Cuando estás en la voluntad de Dios, y te cubre su gracia, estás en el lugar más maravilloso del mundo entero.

Capítulo 5

¿Y SI DEJÉ PASAR LA VOLUNTAD DE DIOS PARA MÍ?

Apocalipsis 13:8 nos dice que Jesús es el Cordero "que fue inmolado desde el principio del mundo". Es asombroso lo que implica este versículo. Antes de que Adán y Eva pecaran en el jardín de Edén y de hecho incluso antes de que existiera el jardín o sus primeros habitantes, Dios ya había dado inicio a un plan de salvación que culminaría en la cruz. Eso significa que cuando Adán y Eva comieron el fruto prohibido, eso no sorprendió a Dios. Su plan soberano ya tomaba en cuenta el factor de su desobediencia, por lo que había hecho provisiones para su redención.

> Si sigues respirando no es demasiado tarde para que Dios intervenga y restaure lo que se comieron las langostas y los gusanos.

Si no has hallado aún la voluntad de Dios, te animará esto: Antes de que Dios te llamara, antes de que te salvara y, de hecho incluso, antes de que nacieras Dios ya sabía cómo resultaría tu vida. Antes de que cometieras siquiera un error, Dios tomó en cuenta todos tus errores futuros y en su infinita sabiduría y amor redimió tus metidas de pata con un plan que convertiría tu tragedia en triunfo al final.

Sabiendo esto puedes confiar en que si sigues respirando no es demasiado tarde para que Dios intervenga y restaure lo que se comieron las langostas y los gusanos.

Dicho esto es importante entender que la desobediencia a la voluntad de Dios no es algo trivial. La gracia de Dios no garantiza que nunca tengamos que vivir con las consecuencias negativas de nuestras acciones. Muchas veces, aunque Dios perdona y restaura, quedan las cicatrices de la desobediencia y con frecuencia el proceso de corregir nuestro rumbo errado resulta largo y doloroso.

Jonás fue llamado a ir a Nínive. La forma más fácil, rápida y cómoda habría sido por mar. Pero como desobedeció la orden de Dios, Jonás prefirió el camino difícil. Aunque finalmente llegó a Nínive, cuando lo hizo ya había pasado por una tormenta, había caído del barco y lo había tragado un enorme pez. Pasó tres días dentro de ese pez, que al fin lo vomitó en la playa. Sí, es cierto que Jonás llegó a Nínive pero la primera opción definitivamente habría sido mejor. Si te has perdido la voluntad perfecta de Dios en tu vida tienes que seguir estos pasos, de inmediato.

¡Detente!

Si estás avanzando en la dirección equivocada ¡tienes que detenerte antes de hacer cualquier otra cosa! Por raro que parezca, si sentimos que nos equivocamos a veces está la tentación a seguir adelante. Quienes intentan perder peso siguiendo una dieta estricta conocen el problema. Tal vez durante unas semanas supieron ser disciplinados pero luego llega el día de fiesta y arruinan su dieta durante varios días, suben de peso un poco y luego, en vez de detener el proceso descendente dicen: "¿Para qué? Si ya metí la pata. Sigo como estoy y ya". Si vas por el rumbo errado y estás leyendo este libro tienes que saber que cada día que avanzas por ese camino es un día que jamás recuperarás. No malgastes ni un día más, ni una hora más, yendo por el camino equivocado, ¡detente, *ya*!

Reconoce tu error

Incluso si tu error no fue por deliberada desobediencia contra la voluntad de Dios que ya conoces, tienes que reconocerlo y pedir perdón. Quizá se trate de un empleo que rechazaste. O de una mala inversión, o de una deuda contraída que sabes que no podrás pagar. Hasta puede ser que hayas hecho algo por descuido o negligencia. Y también, que te hayas rebelado contra Dios, lisa y llanamente. Más allá de la causa sigue habiendo redención para todos en la gran gracia y el gran amor de Dios. "Si confesamos nuestros pecados, él es fiel y justo para perdonar nuestros pecados, y limpiarnos de toda maldad" (1 Juan 1:9).

Arrepiéntete

El arrepentimiento suele ser un concepto que muchos malinterpretan. Contrario a lo que piensan tantas personas el arrepentimiento no es algo malo, no es una mala palabra. Es que no es para el pecador que quiere ser salvo nada más, ni es solo para quienes cometen terribles pecados y viven en flagrante inmoralidad. Para los hijos de Dios el arrepentimiento debiera ser su estilo de vida. *Arrepentirse* significa "cambiar", tanto en tu mente como en el rumbo que eliges seguir. Aquí está la parte que tantos malinterpretan. Solemos pensar que arrepentirse es ante todo apartarse de algo, alejarse del pecado y efectuar un giro de ciento ochenta grados en la dirección opuesta. Pero aquí es donde muchos se pierden la idea central. Por ejemplo, un pecador puede apartarse del pecado y aun así, seguir perdido. De hecho hay muchas religiones que enseñan la moral, la abstinencia, el apartamiento de diversos pecados. Pero en sí mismo eso no salva a nadie. Por ello, desde la perspectiva cristiana no se trata tanto de aquello de lo que te apartas, sino de hacia quién te vuelves. Esa es la diferencia.

Si piensas en el arrepentimiento como un giro de ciento ochenta grados nada más, no entiendes que a veces hace falta una sintonía fina, esencial y necesaria para mantenernos a tono con el corazón de Dios. Si voy por la selva viendo mi brújula y noto que solo me he desviado en unos dos grados, no voy a girar ciento ochenta grados para ir en la dirección opuesta porque si lo hiciera ¡seguiría en el camino equivocado! Más bien, mi objetivo es recalibrarme para poder avanzar hacia el destino deseado. Si solo me desvié dos grados tengo que cambiar, aunque sea haciendo un leve ajuste, para estar en línea con el rumbo correcto. El arrepentimiento es lo que practica el justo. Constantemente tenemos que volver nuestros corazones a Dios, de la oscuridad a la luz, de la carne al Espíritu, de lo temporal a lo eterno, de la muerte a la vida.

Cuando entendemos eso, el arrepentimiento adquiere un sentido completamente nuevo. Si mentí, robé o me conduje con codicia o lujuria, si me salí de la voluntad de Dios porque desobedecí, es cierto que tengo que arrepentirme. Pero no solo me arrepiento o me aparto de esos pecados sino que veo que ellos en realidad son el síntoma de un problema más profundo, más serio: por este camino que escogí me estoy apartando de Cristo. Si hay pecado en mi corazón, o si no camino en la voluntad de Dios, es porque mi corazón no está vuelto hacia Cristo. Necesito reenfocar mi corazón y recalibrarlo para que todo mi ser le siga por el camino que lleva a Cristo. A menudo el arrepentimiento puede no tener nada que ver con el pecado. Quizá se trate de una leve corrección en la mentalidad o la actitud que hace que el espíritu vuelva a ponerse en línea con el Espíritu de Dios.

Vuélvete a Jesús y automáticamente te apartarás del pecado. Vuélvete a Cristo y siempre estarás en la dirección correcta. Si te perdiste la voluntad de Dios, deja de avanzar por el camino que te lleva en la dirección equivocada, reconoce tu error y luego vuelve a alinear tu corazón con Cristo.

Empieza de nuevo

Me encanta Lamentaciones 3:22-23: "Por la misericordia de Jehová no hemos sido consumidos, porque nunca decayeron sus misericordias. Nuevas son cada mañana; grande es tu fidelidad". La misericordia de Dios es de veras un milagro, una maravilla que no podemos llegar a entender. Muchas veces nos cuesta pensar en la extensión de la gracia de Dios, pero es cierto que ¡Su misericordia es nueva, cada mañana! Cada día es nuevo. Dios está dispuesto a perdonarnos, a ofrecernos otra oportunidad, un día tras otro.

Uno de los desarrollos más apasionantes de nuestros tiempos es la tecnología del sistema de posicionamiento global por satélite o GPS. Estos dispositivos asombrosos tienen capacidad para dirigirte con instrucciones audibles, desde donde estés hasta metros no más de donde quieras estar en cualquier parte del mundo. Una de las cosas más maravillosas es que vienen con gracia y misericordia porque si el conductor se equivoca el GPS no empieza a gritarle: "¡Estúpido, idiota! Te dije que giraras. ¡Pasaste de largo! Ahora veamos cómo te las arreglas. ¡Renuncio!". No. Simplemente dice con calma: "Recalculando" y empieza a buscar otro camino para corregir el error. Sí me enteré de alguien que, tras haber equivocado el camino, oyó que el GPS decía: "Ahora, siga durante quinientos kilómetros y luego gire a la derecha". Pero ese tipo de instrucciones del GPS son algo infrecuente, e incluso si hubiera obedecido esas instrucciones inusuales, al fin el GPS le habría llevado donde quería ir.

Cuando equivocamos el camino por negligencia, ignorancia, presunción o rebeldía, si nos detenemos y reconocemos nuestro pecado, pedimos perdón, nos arrepentimos y recibimos la gracia de Dios para empezar de nuevo, oiremos la voz tierna y llena de gracia del buen Pastor, que nos dice al corazón: "Recalculando". Luego nos asignará un rumbo nuevo que nos vuelva a poner en el camino correcto. Tal vez cueste esfuerzo y tiempo, y resulte largo y doloroso. Y hasta puede ser que tengamos que "seguir adelante durante quinientos kilómetros" antes de poder girar. Pero finalmente llegaremos si le seguimos. Dios es maestro en el arte de convertir el llanto en danza y en eso de crear belleza a partir de cenizas.

No podemos atrasar el tiempo y deshacer lo hecho. Pero podemos dejar de avanzar en la dirección equivocada, admitir nuestros errores, arrepentirnos y luego seguir adelante.

No podemos atrasar el tiempo y deshacer lo hecho. Pero podemos dejar de avanzar en la dirección equivocada, admitir nuestros errores, arrepentirnos, y luego seguir adelante.

Aprende del pasado pero no vivas en él

Hay personas que viven con terribles remordimientos, lamentando el pasado. Todos cometemos errores. Algunos de ellos resultan de la desobediencia a la voluntad conocida de Dios. Pero la mayoría es resultado de la falta de oración, la falta de sabiduría, la inmadurez, la impaciencia o una mala comprensión de las cosas. Si en el pasado pudiéramos haber sabido lo que sabemos hoy, muchos habríamos tomado decisiones distintas en algunas áreas de nuestras vidas. Hay un refrán que dice: "La visión hacia atrás siempre es 20/20". En realidad, no podemos atrasar el tiempo y deshacer lo hecho. Pero podemos dejar de avanzar en la dirección equivocada, admitir nuestros errores, arrepentirnos y luego seguir adelante.

Cuando las autoridades judías llevaron ante Jesús a una mujer a quien habían encontrado cometiendo adulterio, la mujer claramente era culpable del pecado del que la acusaban. La ley castigaba el adulterio con la muerte. La justicia exigía que pagara el precio de su pecado. Pero Jesús tuvo compasión de ella y cuando sus acusadores se fueron, le dijo: "Mujer, ¿dónde están los que te acusaban? ¿Ninguno te condenó? Ella dijo: Ninguno, Señor. Entonces Jesús le dijo: Ni yo te condeno; vete, y no peques más" (Juan 8:10-11, RVR60).

Aunque nos conmueve esta historia, quiero preguntarte algo práctico. ¿Qué le daba a Jesús el derecho de contradecir lo que exigía la ley de Moisés? Había que hacer justicia y castigar al que violara la ley. Pero verás que Jesús no se conformó con descartar el adulterio de esa mujer como si no importara. Cuando dijo: "Ni yo te condeno; vete, y no peques más", él ya estaba camino a la cruz, donde pagaría por el adulterio de esa mujer con su propia sangre libre de pecado y sin mancha. Se haría justicia y se saldarían todas las deudas.

Quiero decirte que si has recibido el perdón, tus pecados han sido lavados, cubiertos por la sangre de Jesús. "Tan lejos de nosotros echó nuestras transgresiones como lejos del oriente está el occidente" (Salmos 103:12). "Ahora, pues, ninguna condenación hay para los que están en Cristo Jesús" (Romanos 8:1). Si hubo alguien con un pasado que le avergonzaba fue el apóstol Pablo, pero su confesión era: "Hermanos, yo mismo no pretendo haberlo ya alcanzado; pero una cosa hago: olvidando ciertamente lo que queda atrás, y extendiéndome a lo que está delante, prosigo a la meta, al premio del supremo llamamiento de Dios en Cristo Jesús" (Filipenses 3:13-14).

Hay una gran diferencia entre aprender del pasado y vivir en él. Tenemos que aprender de nuestros errores para no repetirlos. Pero no podemos volver atrás y cambiar el pasado. Lo hecho, hecho está. Tenemos que avanzar y seguir adelante el tiempo que nos queda, y vivir a partir de este momento en obediencia a la voluntad de Dios. Vivir en el pasado es insultar al espíritu de gracia y al sacrificio de Jesús en la cruz. Él pagó el precio para que tus errores del pasado te fueran perdonados. Si la sangre de Jesús te ha lavado Dios no te condena. Tampoco tú tienes que condenarte. Ahora ve y no peques más.

SEGUNDA PARTE

CINCO SECRETOS PARA DESCUBRIR LA VOLUNTAD DE DIOS

Capítulo 6

SECRETO N° 1. EL REINO VIENE PRIMERO

Imagina que eres parte de la tripulación de un portaaviones de la Armada de los Estados Unidos. Y como a todos los demás te han asignado una tarea específica. Tal vez seas mecánico o señalero para los aviones que aterrizan. O quizá tu posición sea prestigiosa, de piloto. Tal vez no lo sea tanto y seas quien limpia la cubierta. Si bien los roles y funciones varían de una persona a otra, cada uno de los de la tripulación trabaja con un mismo objetivo: cumplir la misión de la nave.

En lo militar, dependiendo de tu posición y rango quizá no conozcas el propósito por el que ha zarpado tu barco, pero en el reino de Dios nuestro comandante sí nos dejó en claro cuál es el objetivo final y si mantenemos esa misión ante nuestros ojos podremos descubrir y cumplir la voluntad de Dios para nuestras vidas. Más allá del rol que específicamente hayamos sido llamados a cumplir, el plan de Dios para nuestras vidas siempre estará en línea con la misión primordial. Por tanto, podremos eliminar toda iniciativa que no esté en sintonía con ella.

¿Cuál es el plan supremo de Dios en nuestro mundo, según lo revelan las Escrituras? Solo tenemos que mirar a Jesús, que en todo aspecto fue la completa y plena expresión de la voluntad de Dios en acción. En la oración que nos enseñó Jesús dijo: "Venga tu reino. Hágase tu voluntad, como en el cielo, así también en la tierra" (Mateo 6:10).

Esa oración que Jesús nos enseñó será respondida un día; vendrá el reino de Dios ¡Y se hará su voluntad así en la tierra como en el cielo! Avancemos en el tiempo para ver cómo se verá este glorioso cumplimiento. Piensa en las maravillosas palabras de 1 Corintios 15:28: "Pero luego que todas las cosas le estén sujetas, entonces también el Hijo mismo se sujetará al que le sujetó a él todas las cosas, para que Dios sea todo en todos". Para que Dios sea todo en todos. ¿Qué puede haber, más completo que esto? No habrá más oscuridad; no habrá más pecado. Solo justicia y rectitud, en cada rincón de la creación, y se hará la voluntad de Dios en todas partes, todo el tiempo.

> Más allá del rol que específicamente hayamos sido llamados a cumplir, el plan de Dios para nuestras vidas siempre estará en línea con la misión primordial.

Hay vistazos proféticos de ello a lo largo de las Escrituras, incluso en el Antiguo Testamento. Tanto Isaías como Habacuc declaran: "Porque la tierra será llena del conocimiento de la gloria de Jehová, como las aguas cubren el mar" (Habacuc 2:14; ver también Isaías 11:9). No podría hablarse de una cobertura mayor. Es saturación completa y total.

El último capítulo de la Biblia pinta una imagen profética de cómo se verá la creación. Apocalipsis 21:4 dice: "Ya no habrá muerte, ni habrá más llanto, ni clamor, ni dolor; porque las primeras cosas pasaron". Isaías 11:6 describe un tiempo en que los lobos y los corderos, los leopardos y las cabras, andarán juntos y los apacentarán los niños.

La redención ha sido el plan de Dios desde que Adán y Eva cayeron en pecado en el jardín de Edén; y a lo largo de la historia Dios ha estado obrando con diligencia y sin pausa hacia tal fin. Las Escrituras del Antiguo Testamento y también el Nuevo contienen cientos de referencias que, como un hilo continuo, revelan esa intención de principio a fin. Y de hecho, según lo que leemos en Hechos 3:21, cada uno de los santos profetas de Dios desde el principio del mundo ha hablado de la restauración de todas las cosas. Esas profecías se cumplirán, la oración de Jesús será respondida y vendrá el reino de Dios. ¡Qué día será ese!

Eso es lo que anhelamos. Por eso oramos. Por eso trabajamos, porque venga el reino de Dios y se haga su voluntad así en la tierra como en el cielo. Más allá de cuál sea nuestra ocupación, todos compartimos un llamamiento singular y una misión en esta vida: edificar el reino de Dios en la tierra. Para eso ha zarpado nuestro barco. En esto debiéramos estar invirtiendo todo, y si nos encontramos avanzando en cualquier otra dirección podemos estar seguros de que nos estamos apartando de la voluntad de Dios para nuestras vidas.

Edificar el reino de Dios en la tierra no es algo que tan solo hay que guardar en algún estante de la mente para tratar de aportar algo cuando "se presente la oportunidad". Nuestra ambición principal debe ser ver que el reino de Dios venga a la tierra. Jesús dijo, en verdad: "Mas buscad primeramente el reino de Dios y su justicia, y todas estas cosas os serán añadidas" (Mateo 6:33).

Para esta hora

Quizá el pasaje más conocido del libro de Ester sea el capítulo 4, versículo 14, en el que Mardoqueo que era primo y guardián de Ester le dice: "¿Y quién sabe si para esta hora has llegado al reino?". Se han basado muchos mensajes de edificación y aliento en este pasaje. Pero con frecuencia esos sermones de inspiración no llegan a dar en el clavo porque no toman en consideración el verdadero contexto de las palabras de Mardoqueo. Si miramos de cerca las circunstancias en las que aparece este pasaje veremos que lo que Mardoqueo le dijo a Ester no era un mensaje de motivación para que se sintiera bien ¡sino un ultimátum de alarma!

Ester era una joven judía nacida en una situación familiar difícil, formaba parte de una minoría dentro de una sociedad opresiva. Desde el principio mismo tenía todo en contra. Pero casi de la noche a la mañana pasó de mendiga a rica, de la pobreza al palacio, como esposa del rey Jerjes I que la convirtió en una de las mujeres más poderosas de la historia mundial. El libro de Ester parece estar cargado de ironía. Persia acababa de coronar a una judía y el visir del rey, un hombre llamado Amán, conspira diabólicamente para exterminar a la raza judía con una sangrienta masacre. Solo hay una persona judía que puede intervenir a favor de su pueblo: Ester.

Pareciera que los placeres del palacio habían empezado a embriagar a Ester. Vemos en el capítulo 4 que le cuesta decidir qué curso de acción tomará. Ester veía el bello palacio que era ahora su hogar, con los lujos, los placeres y las comodidades y riquezas de las que disfrutaba. Tiene que haberle sido difícil imaginar que dejaría todo eso en un intento por convertirse en heroína. Sabía que si le llevaba el asunto al rey, se vería obligada a arriesgar todo lo que tenía, incluyendo la vida. Quizá fuera mejor ser más sutil. Quizá solo debía quedarse quieta y esperar, a ver qué pasaba. Tal vez tendría en algún momento la oportunidad de hablar en defensa de los judíos sin arriesgarse tanto. Después de todo, ¿de qué serviría que ella muriera?

En Ester 4:13-14 Mardoqueo percibe sus dificultades y le envía este mensaje: "No pienses que escaparás en la casa del rey más que cualquier otro judío. Porque si callas absolutamente en este tiempo, respiro y liberación vendrá de alguna otra parte para los judíos; mas tú y la casa de tu padre pereceréis. ¿Y quién sabe si para esta hora has llegado al reino?". Es decir que Mardoqueo le estaba advirtiendo: "Ester, no te creas más de lo que eres. No estás en el palacio por ser hermosa, maravillosa o especial. Has sido puesta en ese lugar porque formas parte estratégica de un propósito divino mucho más grande que tú. Que hables en defensa de tu pueblo no es un acto de generosidad o caridad, ni una cortesía opcional sino ¡la razón misma por la que Dios te puso en el palacio!". Mardoqueo luego puso énfasis en la gravedad de la situación, diciéndole más o menos lo siguiente: "Si buscas proteger tu posición a expensas del propósito divino Dios te reemplazará ¡y serás destruida!".

Podrás preguntarte por qué pienso que puedo especular respecto de lo que pensaba y sentía Ester. No es solo por el contexto y el mensaje que le envía Mardoqueo sino porque veo eso día tras día en Occidente. Nuestras comodidades nos volvieron complacientes, indiferentes a un mundo que muere. Muchas veces tememos hacer algo que pudiera perturbar nuestras cómodas vidas de malcriados.

Un hombre me dijo: "No puedo hablar de Jesús en mi lugar de trabajo porque si lo hago me despedirán". También oigo decir que hay dos cosas de las que no hay que hablar en el trabajo: política y religión. Pero el evangelio no es un tema de conversación optativo que mejor es dejar fuera de tu lugar de trabajo. Por el contrario, tienes ese empleo porque eres parte estratégica de un propósito divino más grande que tú. Dios te está dando tu trabajo, te lo dio por una razón. Si no quieres dar testimonio en tu lugar de trabajo, no te sorprendas si Dios te lo quita y se lo da a otro que no tenga vergüenza del evangelio. Dios te está llamando al ministerio, incluso si te pone en una ocupación "secular". Tu llamado es a adelantar el reino de Dios, en la esfera en que te encuentres.

He visto gente que deja cientos de dólares en restaurantes o lugares de entretenimiento sin sentido pero que cuando pasa el plato de la ofrenda, se quejan enseguida: "En esta iglesia solo te piden dinero". Y luego le dan unos pocos dólares al Señor y sienten que han sido tan generosos... Pero el dinero que hay en nuestras cuentas bancarias no es nuestro. Todo le pertenece a Dios, desde el principio. De él es de donde viene nuestra provisión, pero también es quien nos da la capacidad para crear riqueza. Dios no nos bendice para que consumamos esos recursos en placeres y deseos propios. Nos bendice para que podamos bendecir. ¡Esa es la razón por la que tenemos esos recursos! Si no quieres bendecir al reino de Dios con corazón alegre, no te sorprendas si él toma esos medios y se los da a alguien más que sí sea buen administrador.

Si Dios te ha confiado dinero tienes que saber que no eres la estación terminal; eres un canal por el que tienen que fluir esos recursos. Sí, ¡cuando pasa el agua por un caño, el caño se moja! Así que cuando las bendiciones de Dios fluyen a través de ti, vives la bendición personalmente pero no cometas el error de pensar que Dios te bendice porque eres muy especial, inteligente, genial... Como le dijo Mardoqueo a Ester: "No te engañes". No eres mejor que el mendigo más pobre que está en la alcantarilla más sucia. Dios no te bendice porque te ama más que a los demás. Te bendice con un propósito, y que cumplas ese propósito no es un tema menor: es la razón por la que recibes esas bendiciones. Si no haces lo que Dios te ha llamado a hacer, ¡Él encontrará a alguien más que lo haga con alegría!

Si no lo haces tú, alguien más lo hará

Esaú era el primogénito de su familia. Tendría que haber sido el heredero de su padre, el que perpetuaría el nombre de la familia, a través de quien Dios cumpliría su promesa a Abraham. Pero "menospreció Esaú la primogenitura" (Génesis 25:34). Y Dios pasó por alto a Esaú debido a ese menosprecio y halló en su hermano menor un corazón dispuesto. Fue Jacob quien heredó el destino que debiera haber sido de Esaú por derecho de nacimiento, por lo que Jacob fue el que se convirtió en uno de los más grandes patriarcas de Israel.

Elí era el sumo sacerdote y su familia había sido llamada y ungida por Dios para servir a Israel en el oficio sacerdotal. Pero los dos hijos de Elí no tenían consideración alguna por el Señor o su llamamiento

(1 Samuel 2:12). Profanaron el tabernáculo, robaron ofrendas sacrificiales y blasfemaban contra Dios. Se sentían con derecho a todo eso, y se creían indispensables porque habían nacido en una familia poderosa y privilegiada. Pero Dios les quitó el llamamiento sacerdotal, y también se lo quitó a la familia de Elí y se lo dio a un joven llamado Samuel, que dirigió a la nación ocupando el lugar que tenían ellos antes.

Dios eligió a Saúl para que fuera el primer rey de Israel. Pero este desobedeció al Señor y endureció su corazón una y otra vez. Los hijos y los nietos de Saúl estaban destinados a ocupar el trono pero debido a que Saúl se rebeló contra Dios, Dios le quitó ese privilegio a su familia y ungió a un joven llamado David, de cuyo linaje a fin de cuentas nacería el Mesías (1 Samuel 16:1-13).

El ministerio de Kathryn Kuhlman sin duda fue uno de los más influyentes del siglo pasado. Era una evangelista sanadora, testigo de milagros extraordinarios, que inspiró a muchos otros para que siguieran sus pasos. Pero Kathryn decía que no era ella a quien Dios había elegido primero. Creía que el Señor había llamado a otros antes que a ella, pero que no habían querido obedecer. Decía: "Creo que la primera opción de Dios para este ministerio fue un hombre, y también la segunda. Pero ninguno quiso pagar el precio, y yo fui lo suficientemente ingenua como para decir: 'Toma esta nada, y úsala'. Y eso es lo que él ha estado haciendo desde entonces".[24] Kathryn Kuhlman creía que había recibido su potente unción y llamado no porque fuera la mejor, sino porque había sido obediente.

El evangelista Reinhard Bonnke ha predicado a millones de personas. Desde 1987 nuestro ministerio, Cristo para todas las naciones, fundado por el evangelista Bonnke, ha recibido más de sesenta y siete millones de tarjetas de decisión de personas que se acercaron a Dios durante nuestras grandes campañas evangelísticas en todo el mundo. Por cierto, es uno de los relatos de éxito más grandes en la historia de la evangelización y continúa. Pero no siempre hubo pasteles y helados en la vida de Bonnke. En su autobiografía, *Living a Life of Fire* [Vivir una vida de fuego], el evangelista cuenta muchas historias sobre las dificultades que debió enfrentar, en especial en sus primeros años. Sus comienzos en África fueron humildes y solía predicar ante puñados de personas que no mostraban interés ni querían responder al mensaje del evangelio.

Pero todo empezó a cambiar cuando durante cuatro noches consecutivas recibió un sueño profético en que veía al continente africano lavado en la preciosa sangre de Jesús, y oyó la voz del Espíritu Santo que clamaba: "¡África será salva!". Se aferró con todas sus fuerzas a esa promesa y empezó a avanzar, con fe. Pero no todos recibían con agrado su ambición y entusiasmo. Por celos, otros misioneros empezaron a quejarse ante sus autoridades denominacionales de que a Reinhard Bonnke se le permitía mayor libertad que a ellos en sus ministerios, y por ello la junta de misiones le ordenó por escrito que no podría seguir ampliando su ministerio.

"Sentí que aplastaban mi alma", escribe, "como si mi propia familia me hubiera desheredado. Debí... apartarme, desesperado. Necesitaba hablar con Dios pero lo que más necesitaba era que él me hablara". Decidió tomarse un tiempo sabático para ayunar y orar. "Quiero estar en paz con mis hermanos", rogaba. "Quiero someterme... y que ya no me impulse la ardiente visión que me diste, de África lavada en sangre". Fue entonces que el Señor le habló palabras que le estremecieron: "Sí, puedes hacerlo", respondió el Señor. "Pero si dejas mi llamado tendré que dejarte y buscar a alguien más". Ese ultimátum fue lo único que necesitaba. Fue a su casa de inmediato y renunció a la junta de misiones. "Que todos me dejen", oraba, "Pero, Señor, ¡no me abandones!".[25]

Si el evangelista Bonnke hubiera dejado la visión del continente africano lavado en la sangre de Jesús, Dios habría encontrado a alguien más para llevar el evangelio a África. A menudo nos equivocamos al creer que somos indispensables pero en realidad, si no respondemos al llamado de Dios, los propósitos de Dios no fallarán. Más bien, quien sufre es el que decide desobedecer. El plan de Dios se cumplirá de todos modos, incluso si él tiene que hacer surgir a otro para que lo cumpla.

Juan el Bautista les advirtió a los líderes judíos de su época, porque como parte del pueblo escogido de Dios sabía que se sentían superiores a otras razas, que se creían indispensables. Pero en Mateo 3:9 Juan dice: "No penséis decir dentro de vosotros mismos: A Abraham tenemos por padre; porque yo os digo que Dios puede levantar hijos a Abraham aun de estas piedras". Dios puede hacer surgir al próximo transformador del mundo de la noche a la mañana. Puede tomar a alguien de la alcantarilla, un "don nadie" como lo fue Ester y ponerlo en un palacio como lo hizo con ella. Y no necesita permiso de nadie para hacerlo.

Mardoqueo le dijo a Ester, en esencia: "Los propósitos de Dios se cumplirán de una forma u otra, sea contigo o no". Pero la advertencia se hizo más severa todavía porque Mardoqueo le dijo luego: "Porque si callas absolutamente en este tiempo, respiro y liberación vendrá de alguna otra parte para los judíos; mas tú y la casa de tu padre pereceréis" (Ester 4:14). Los propósitos de Dios son como un tren de carga que no se puede detener, y el lugar más peligroso del mundo es interponerse en el camino de esos propósitos, porque no reducirán su velocidad para no pasarte por encima. Si lo dudas, pregúntale al faraón que se negó a dejar que los hijos de Israel salieran de Egipto. En el libro del Éxodo encontrarás la historia. Dios no tiene absolutamente ninguna posibilidad de perder. Somos nosotros los únicos que podemos perder si no obedecemos.

Adelantar el reino de Dios no es un tema opcional, es la razón por la que somos salvos, la razón por la que nacimos.

Quiero decirte que estás en este mundo con un propósito: adelantar el reino de Dios. Es más que una preferencia o un privilegio. Es una responsabilidad divina, un deber por el que tendremos que rendir cuentas eternamente. Avanzar el reino de Dios no es un tema opcional, es la razón por la que somos salvos, la razón por la que nacimos. ¡Entraste al reino para esta hora!

¡Vanidad de vanidades!

Fíjate que Mateo 6:33 dice que si buscamos el reino de Dios primero "todas estas cosas os serán añadidas". En griego, el término que se traduce como *añadidas* proviene de las matemáticas. Desde la perspectiva del valor real la suma no tiene sentido alguno a menos que estemos sumando números mayores al cero: 0 + 0 = 0. Esto es verdad, de aquí al infinito. Uno podría seguir sumando ceros hasta rodear al planeta, y el valor de la suma de todos esos ceros seguiría siendo cero. Cero es el valor real de todos los accesorios que buscamos en la vida. El autor de Eclesiastés lo dijo con las palabras más acertadas:

> "Vanidad de vanidades, dijo el Predicador; vanidad de vanidades, todo es vanidad. ¿Qué provecho tiene el hombre de todo su trabajo

con que se afana debajo del sol? Generación va, y generación viene; mas la tierra siempre permanece. Sale el sol, y se pone el sol, y se apresura a volver al lugar de donde se levanta. El viento tira hacia el sur, y rodea al norte; va girando de continuo, y a sus giros vuelve el viento de nuevo. Los ríos todos van al mar, y el mar no se llena; al lugar de donde los ríos vinieron, allí vuelven para correr de nuevo. Todas las cosas son fatigosas más de lo que el hombre puede expresar; nunca se sacia el ojo de ver, ni el oído de oír".

—Eclesiastés 1:2-8, RVR60

El Señor le dijo a Isaías que clamara y profetizara estas palabras que siguen sonando como himno ante un mundo que corre de manera febril tras posesiones, gloria y gratificación:

"Voz que decía: Da voces [profetiza]. Y yo respondí: ¿Qué tengo que decir a voces? [La voz responde: proclama:] Que toda carne es hierba, y toda su gloria como flor del campo. La hierba se seca, y la flor se marchita, porque el viento de Jehová sopló en ella; ciertamente como hierba es el pueblo... He aquí que las naciones le son como la gota de agua que cae del cubo, y como menudo polvo en las balanzas le son estimadas; he aquí que hace desaparecer las islas como polvo... Como nada son todas las naciones delante de él; y en su comparación serán estimadas en menos que nada, y que lo que no es [desperdicio, futilidad, vanidad]".

—Isaías 40:6-7, 15, 17

Las estrellas de cine, los líderes mundiales y los grandes empresarios millonarios se creen muy importantes y las noticias de la noche quieren que creamos que el mundo gira en torno a esta gente y su influencia, su poder y su riqueza. Pero desde la perspectiva de Dios todo eso es nada, todo es fútil. Todas sus guerras, peleas y esfuerzos por subir hasta la cima no valen nada. Y si es así para esa gente tan poderosa, ¡cuánto más lo es para nosotros! Al fin y al cabo, ¿cuál es el propósito de todo lo que hacemos? Luchamos, nos esforzamos toda la vida, seguimos trabajando duro por algo, algún propósito, pero ¿cuál?

En un intento por hallar el sentido nos decimos que todo lo hacemos por nuestros hijos pero ¿qué les enseñamos a nuestros hijos? Aprenden de nosotros a sumar ceros y así heredan la misma futilidad sin sentido en la que vivimos nosotros. Todas las cosas que adquirimos se pudren pronto, se olvidan los momentos preciosos, el dinero se evapora como el rocío. El mundo sigue girando y cambiando, y la gente y los reinos van y vienen. El sabio verá que "el Predicador" tenía razón: todo lo de este mundo no tiene sentido, es vanidad de vanidades, y vale menos que cero. Y sin embargo hay gente que pasa la vida entera sumando esos ceros sin valor.

Pero cuando buscamos primero el reino de Dios, es porque hacemos de este la prioridad en nuestras vidas. Y cuando el reino de Dios es el número 1, de repente todos los ceros que le siguen cobran sentido y valor: 10; 100; 1.000; 10.000; 100.000; 1.000.000. Todos los ceros de la vida no valen nada ¡a menos que el reino de Dios esté primero! Ahora, si pones primero el reino de Dios, no solo hallarás propósito y sentido en la vida. También, hasta las cosas pequeñas adquieren sentido e importancia.

Provengo de una larga línea de predicadores del evangelio, cinco generaciones del lado de mi padre. Todo empezó con mi tatarabuelo August Kolenda. Un día mientras estudiaba nuestro árbol genealógico se me ocurrió que sabemos mucho del tatarabuelo August y de las generaciones de hombres de Dios que le siguieron pero no sabemos casi nada sobre las generaciones anteriores de ancestros no salvos, que vivieron antes que él. Es como si antes de que Jesús entrara en la familia Kolenda no hubiera importado nada. Las historias, las dificultades, las victorias, los detalles, no le importan a nadie.

Antes de que Jesús entrara en la familia Kolenda todo era vanidad de vanidades, nada más que una lista de ceros. Pero esa noche cuando el tatarabuelo August oyó la bella música que salía de una iglesia, cuando entró y se sentó en la última fila y oyó el evangelio y decidió vivir para el reino de Dios, de repente entró en nuestra familia algo de valor. Frente a todos los ceros sin valor el reino de Dios fue el número uno y desde ese día todas las bendiciones que se sumaron a nuestra familia se han convertido en gloriosa y maravillosa herencia, que vale más que cualquier gran riqueza material.

Los hermanos Taylor eran ambos muy ambiciosos. Los dos querían marcar una diferencia. Que sus vidas contaran para algo. El mayor decidió honrar el apellido de la familia con una prestigiosa carrera política. El menor decidió dedicar su vida a predicar el evangelio y se fue a China como misionero. Los contemporáneos de los hermanos Taylor, por cierto, habrían considerado que el exitoso era el mayor pero hoy virtualmente es un desconocido, excepto porque fue hermano de Hudson. Hudson Taylor, el menor de los dos, fue uno de los más famosos misioneros pioneros de toda la historia, y se le honra y admira en el mundo entero, con gran afecto. Uno de los hermanos buscó la fama, la fortuna y el poder. Su reputación, su dinero e influencia, ya hace rato que volaron en las alas del tiempo pero el otro hermano; que parecía haber desperdiciado su vida sirviendo a Dios en tierras distantes, dejó un legado que sigue vivo porque Hudson Taylor, aunque no era millonario ni superestrella ni líder mundial, dedicó su pequeña vida a algo eterno.[26]

El mártir misionero Nate Saint dijo: "Quienes no conocen al Señor preguntan por qué loco motivo desperdiciamos nuestras vidas siendo misioneros. Olvidan que ellos también están consumiendo sus vidas y cuando estalle la burbuja, no quedará nada de importancia eterna de todos esos años que desperdiciaron".[27] El cristianismo es contraintuitivo. Es una paradoja, predica un mensaje completamente opuesto a la sabiduría humana. El mundo nos dice: "Protege tu vida si quieres salvarla". Y Jesús nos dice: "Porque todo el que quiera salvar su vida, la perderá; y todo el que pierda su vida por causa de mí, la hallará" (Mateo 16:25).

Salomón, uno de los reyes más ricos y poderosos que haya habido, probó todo lo que tenía para ofrecer el mundo y llegó a la conclusión de que todo era "vanidad de vanidades". Es como escribió el apóstol Juan: "Y el mundo pasa, y sus deseos; pero el que hace la voluntad de Dios permanece para siempre" (1 Juan 2:17).

¿Estoy tratando de convencerte de que te hagas misionero o misionera? No. En absoluto. Cuando se habla de "la voluntad de Dios" automáticamente hay quien empieza a pensar en renunciar a su trabajo y entrar en "el ministerio". Por desdicha, el cuerpo de Cristo muchas veces ha sido desmembrado por esas distinciones de clase entre lo "clerical" y lo "laico". Los que son ministros a tiempo completo han sido ubicados en pedestales y se espera de ellos que se ocupen de avanzar y representar al reino de Dios mientras los cristianos "normales" se ocupan de los emprendimientos seculares. Para muchos cristianos su "fe" es cuestión del domingo por la mañana, tan solo una de las muchas cosas que en la vida se admiten discretamente en su perfil personal, como se hace con la afiliación política o el equipo deportivo favorito.

Pero en la cristiandad no hay distinciones o clases. Todos somos parte del sacerdocio y se espera que todos nos ocupemos del reino. Dios quiere que tu vida se anexe a su reino en la tierra. Quiere que seas embajador o embajadora de su reino, allí donde estés, hagas lo que hagas. En ese sentido somos todos llamados a estar en "el ministerio".

Todas estas cosas

Nuestras carreras, nuestros compañeros de vida, las finanzas, la ubicación y la educación nunca tienen que ser el centro principal de nuestra tención. Todas esas cosas vienen por añadidura cuando buscamos primero y ante todo el reino de Dios. Cuando buscamos la voluntad de Dios para nuestras vidas podemos tener la certeza de que *jamás* nos llevará en dirección contraria a los propósitos del reino de Dios.

El imperativo de buscar el reino de Dios no es relevante solamente en el contexto del ministerio altamente espiritual. Jesús dice que si buscamos primero el reino *todas estas cosas* nos serán añadidas. Es este uno de los secretos más potentes para descubrir la voluntad de Dios para tu vida. Si poner tu mirada en su reino y lo conviertes en tu prioridad, a medida que avanzas hacia él automáticamente ¡llegará todo lo demás que necesites!

En una ocasión yo terminaba de predicar sobre el reino de Dios y un anciano de la iglesia se me acercó y me dijo: "Sabes, todas esas ideas tan elevadas son maravillosas pero la mayoría de las personas de la iglesia solo intentan ver cómo pueden pagar todas sus cuentas y llevarse bien con sus cónyuges, y criar a sus hijos, y que les vaya bien en el trabajo". Vi entonces que en muchos aspectos ese querido amigo tenía razón. A la mayoría de los cristianos les parece que el reino de Dios es algo tan alto, tan elevado, que mejor es que se ocupen de ello los pastores y los evangelistas.

El famoso psicólogo Abraham Maslow auspiciaba una perspectiva similar. Construyó una pirámide que tituló "Jerarquía de las necesidades". Pensaba que antes de que uno pudiera "autorrealizarse", primero necesitaba satisfacer las necesidades más básicas de la naturaleza humana como el alimento, el techo, la compañía. Maslow creía que antes de poder alcanzar los ideales elevados de la cúspide de la pirámide había que ir subiendo desde la base, cubriendo las necesidades básicas primero.[28] Suena bastante intuitivo ver la vida de ese modo. Para muchos, el reino de Dios es un tema etéreo, irrelevante, por lo que prefieren tener "los pies en la tierra". Deciden concentrarse primero en llevar comida a la mesa y pagar las cuentas. Parece lo más responsable y práctico.

Pero lo que Jesús enseñó es todo lo contrario. Jesús indicó: "No se preocupen por lo que comerán o qué vestirán. Su Padre celestial ya sabe que necesitan esas cosas y él se ocupará de ello. Más bien, busquen primero el reino de Dios y todas estas cosas les serán añadidas" (ver Mateo 6:25-33). Lo que Jesús enseñaba era la pirámide de Maslow ¡al revés! Jesús nos enseña a empezar por la cúspide de la pirámide, el lugar más alto. Pongamos el reino de Dios primero y todo lo demás nos será añadido, incluyendo las necesidades físicas, mentales y emocionales.

- Si quieres saber qué trabajo tiene Dios para ti, busca su reino ¡y encontrarás tu vocación!
- Si quieres saber con quién deberías casarte, ¡busca su reino y encontrarás a tu cónyuge!
- Si quieres saber qué estudiar en la universidad, ¡busca su reino y llegarás a la facultad correcta!
- Si quieres saber dónde deberías vivir, busca su reino ¡y él te llevará al domicilio correcto!

¿Será de veras tan simple? ¿Podrá este mandamiento ser en verdad el secreto para encontrar la voluntad de Dios? Quiero decirte que no son palabras mías. No son las palabras de un filósofo, ni de un predicador. Son las palabras del Hijo de Dios en persona: "Mas buscad primeramente el reino de Dios y su justicia, y todas estas cosas os serán añadidas" (Mateo 6:33, RVR60, énfasis añadido).

Soy evangelista y viajo por el mundo predicando el evangelio. Mi trabajo habría sido imposible sin mi maravillosa esposa, que comparte mi pasión por la evangelización y el ministerio. Conozco a muchos predicadores cuyo ministerio se interrumpió porque se casaron con la mujer equivocada, así que agradezco al Señor el haberme dado una esposa que encaja perfectamente con lo que él me llamó a hacer. Pensarás que tuve que buscar una esposa tan maravillosa por todas partes. En verdad, ni siquiera estaba buscándola cuando la conocí. Estaba en la universidad bíblica, obedeciendo el llamado de Dios. Tenía el corazón puesto en servir al Señor. Estaba buscando el reino de Dios y entonces, un día sucedió… ¡y me enamoré! Mientras buscaba el reino de Dios, Dios me dio una esposa. Pienso que así es como solemos descubrir la voluntad de Dios para nuestras vidas. Cuando le seguimos a diario él "añade" bendición tras bendición y todo lo que necesitamos —sea emocional, físico, financiero o espiritual— viene por añadidura.

Hay muchos que ponen la educación como prioridad en sus vidas. A final de cuentas, serán necios altamente inteligentes que se pierden la sabiduría más grande de todas en su interminable búsqueda del conocimiento. Para muchos, el dinero es lo principal. A final de cuentas conocerán la verdad de Mateo 6.24: "No podéis servir a Dios y a las riquezas". Hay muchos que ponen a sus familias por encima de todo lo demás. Y al final será su familia la que pagará el precio de que hayan equivocado sus prioridades. Cuando ponemos lo que sea por delante de Cristo y su reino en nuestras vidas, no solo nos perdemos el reino de Dios sino que también perdemos todos los demás tesoros.

Buscamos el reino porque amamos al Rey

En este punto debo incluir una advertencia a modo de aclaración porque hay mucha gente que malinterpreta terriblemente la promesa de Dios. Ven a Cristo y su reino como medio para un fin, como herramienta para conseguir lo que quieren en la vida. Acuden a Jesús porque lo ven como camino para llegar a ser ricos, sabios, sanos. Han creído en la versión humanista del evangelio que pone énfasis en las últimas palabras de Mateo 6.33: "todas estas cosas os serán añadidas". Aunque hay maravillosos beneficios cuando servimos al Señor, si esos beneficios se convierten en nuestra motivación, estamos completamente equivocados.

Dios no quiere "buscadores de oro" espirituales que lo usen y usen su reino para hacerse ricos, populares o poderosos. Por el contrario, Dios está buscando personas con la mirada fija en él, y solo en él, de modo que ni siquiera aparezcan en la imagen las atracciones periféricas. Son esos corazones consagrados a los que Dios les dice: "No te preocupes. Yo me ocuparé de todo lo demás que te haga falta".

Aunque buscar primeramente el reino de Dios nos da plenitud y propósito en la vida no buscamos el reino de Dios principalmente porque busquemos la autorrealización o los logros. Es cierto que cuando buscamos el reino de Dios nuestras necesidades materiales y económicas se verán cubiertas, pero no buscamos el reino de Dios principalmente por los beneficios monetarios. Es obvio que buscar el reino de Dios da como resultado recompensas eternas que literalmente "no son de este mundo". Pero no buscamos el reino de Dios principalmente para ganar un premio eterno. No buscamos el reino de Dios porque amemos sus beneficios. ¡Buscamos el reino porque amamos a su Rey! Cuando nuestro amor por el Rey es nuestro mayor incentivo, entonces —y solamente entonces— tendremos las cosas en el orden correcto.

Edificar el reino de Dios tiene que ser nuestro objetivo primario en la vida, pero la motivación que subyace a ello tiene que ser el amor por el Rey. La única forma en que alguien puede comprometerse de veras con el reino de Dios es si le consume el amor por Cristo. Si lo que nos impulsa es una filosofía o una ideología, un deseo de mejorar el mundo, ver que se establece un nuevo orden, entonces nuestra ambición cabe en la misma categoría que el comunismo, el marxismo, el socialismo y todos los demás "ismos". Buscar el reino de Dios es una categoría aparte porque surge de una fuente más profunda que cualquier motivo que pueda haber en este mundo: el amor divino, sobrenatural por el Rey. Este amor es el fundamento y la fuerza que impulsa, que edifica el reino que perdurará por siempre, mucho después de que todos los otros reinos se hayan convertido en polvo.

Capítulo 7

SECRETO N° 2. SOMETER LA PROPIA VOLUNTAD

Vayamos ahora al jardín de Getsemaní, con reverencia y temor. Escuchemos esas palabras eternas que brotan de labios temblorosos: "Padre, si quieres, pasa de mí esta copa; pero no se haga mi voluntad, sino la tuya" (Lucas 22:42, RVR60). Creo que muchas veces pasamos por alto el significado e importancia de lo que sucedió en Getsemaní, pero como tiene relación con nuestra redención nada podría ser más importante. Si el Calvario es la puerta a la salvación, Getsemaní fue la bisagra. Fue aquí en este jardín donde estuvo en juego el futuro eterno de la humanidad. Fue aquí que se decidió nuestro destino. La historia toda dependía de ese momento.

Adán falló en el jardín de Edén, Jesús prevaleció en el jardín de Getsemaní. La clave de la victoria de Cristo en ese lugar fue el secreto de su vida entera, expresado en esas pocas palabras inmortales: "No se haga mi voluntad, sino la tuya". Los soldados romanos arrestaron a Jesús y le crucificaron pero no podían quitarle su vida porque él ya la había entregado en Getsemaní. "Nadie entrega mi vida por mí", confesó Jesús, "sino que yo mismo la entrego". ¡No se puede matar a quien ya está muerto! Aquí encontramos entonces el siguiente gran secreto para descubrir la voluntad de Dios para nuestras vidas: es el secreto de someter la propia voluntad.

Tenemos que empezar reconociendo algo tan sencillo y sin embargo tan importante: tal vez haya una diferencia entre lo que queremos nosotros y lo que quiere Dios. Sabiendo esto tenemos que asegurarnos constantemente de que nuestra voluntad esté sometida a la suya. Muchas veces hay quien se embarca en el viaje de descubrir la voluntad de Dios, habiendo decidido ya qué es lo que piensan que Dios quiere que hagan. Y con frecuencia, lo que en realidad buscan es la confirmación divina de lo que ellos desean. Si de veras quieres la voluntad de Dios para tu vida, no puedes orar simplemente: "hágase tu voluntad". Tienes que incluir: "no mi voluntad".

En el último capítulo hablamos del primer secreto para descubrir la voluntad de Dios, que es el de buscar primeramente el reino. Estudiamos la oración que Jesús nos enseñó, pidiendo que venga el reino de Dios. En este capítulo quisiera poner el centro de atención en la segunda parte de la misma oración en la que nos enfocamos antes. Jesús dijo: "Venga tu reino" y seguidamente continuó su petición diciendo: "Hágase tu voluntad" (Mateo 6:10). Esas frases podrían parecer enfocadas en dos temas completamente independientes, pero en realidad van de la mano. De hecho, no se puede tener lo uno sin lo otro.

Para entender la correlación entre que venga el reino de Dios y se haga su voluntad, consideremos primero lo que es un reino.

> Si de veras quieres la voluntad de Dios para tu vida, no puedes orar simplemente: "hágase tu voluntad". Tienes que incluir: "no mi voluntad".

En la antigüedad los reyes gobernaban sus dominios con absoluta soberanía y su palabra era ley. El reino era el territorio en el que se reconocían y obedecían la autoridad y la voluntad de determinado monarca. Veamos ahora un reino más contemporáneo, como el Imperio Británico, por ejemplo. Las colonias de Norteamérica estaban bajo el gobierno del rey de Inglaterra y por ese motivo él podía cobrarles impuestos a los colonos. Aunque entre el rey y esos súbditos norteamericanos había gran distancia en términos geográficos, ellos formaban parte de su reino porque estaban bajo su gobierno. Cuando los colonos norteamericanos se rebelaron y se independizaron del impero ya no obedecieron las órdenes o deseos del rey británico. Su voluntad ya no tenía que ver con ellos porque ya no formaban parte de su reino y por eso no estaban bajo su autoridad.

Hay muchas personas que por alguna razón piensan que cuando la Biblia habla del reino de Dios está haciendo referencia al "cielo". Pero cuando Jesús enseñaba acerca del reino de Dios, creo que pensaba en algo más. Si el dominio de un rey es el territorio en el que se observa y se obedece su voluntad, entonces el reino de Dios está presente dondequiera que se reconozca su autoridad y donde haya sujeción a ella. Por eso, cuando Jesús ora; "Venga tu reino" se infiere lo que dice expresamente a continuación: "Hágase tu voluntad".

La oración de Jesús, sin embargo, no es como el lema de Burger King. Jesús no está diciendo: "Padre, haz lo que quieras, como lo hacen todos". Jesús estaba orando para que se hiciera la voluntad de Dios *exclusivamente*, como se hace y se cumple en el cielo. Es decir, que todas las demás voluntades se inclinan ante la voluntad divina, la autoridad de Dios se reconoce y gobierna, y todo se alinea con lo que el Padre desea.

El reino "en la tierra"

Me encanta la traducción de la oración de Jesús cuando oró: "Venga tu reino. Hágase tu voluntad como en el cielo, así también en la tierra". Génesis 2:7 declara: "Dios formó al hombre del polvo de la tierra". Estamos hechos de la tierra, somos vasijas de "tierra" y cuando se hace en nosotros la voluntad de Dios, se hace "en la tierra".

Jesús oró: "Venga tu reino" y luego dijo: "Hágase tu voluntad". Son dos condiciones inseparables. Dondequiera que venga el reino de Dios, se hace su voluntad. De la misma manera, cuando se hace la voluntad de Dios, allí viene su reino. Si buscamos primeramente el reino, entonces este es nuestra principal ambición, lo cual se demuestra de dos maneras. Ante todo queremos ver que se haga la voluntad de Dios "en la tierra" (en nuestras propias vidas); y en segundo lugar, buscamos que su voluntad se haga en la tierra toda (en el mundo entero).

Todo comienza en el corazón. Todo empieza en nosotros. Hay mucha gente que quiere cambiar el mundo. Quieren ver que las naciones hinquen la rodilla ante el Rey de reyes y el Señor de señores. Pero los corazones y las vidas de muchas de esas personas no se han rendido todavía. Jesús dijo: "El reino de Dios está entre vosotros" (Lucas 17:21). ¿De qué estaba hablando Jesús? Hablaba de que se hiciera y se haga la voluntad de

Dios en los corazones humanos. Los reyes humanos pelean por la tierra y el botín, pero el terreno que Dios quiere es el del corazón.

En Juan 7:38 Jesús afirmó: "El que cree en mí, como dice la Escritura, de su interior correrán ríos de agua viva". No dijo que fluirían ríos de agua desde el cielo ¡sino desde el interior de su pueblo! El reino de Dios no viene del cielo azul. ¡Viene desde adentro de nosotros!

Si quieres ver que el reino de Dios venga a la tierra, todo comienza con que se cumpla la voluntad de Dios en la tierra. ¡En ti!

La voluntad de Dios es que todo creyente sea un anexo de su reino, un portal por el cual él pueda derramar su gloria y su poder sobre el mundo. Si quieres ver que venga el reino de Dios a la tierra, todo comienza con que se cumpla la voluntad de Dios en la tierra. ¡En ti!

Romanos 14:17 señala: "Porque el reino de Dios no es comida ni bebida, sino justicia, paz y gozo en el Espíritu Santo". Esta es la condición interior de quienes se someten a Dios. Viven llenos de justicia, rectitud, paz y gozo en el Espíritu Santo. ¡Es el cielo *en* la tierra!

El valle de quebranto

Hace años tuve una visión. Veía un dique. De un lado había un río caudaloso pero del otro lado la tierra estaba seca y resquebrajada. Entendí que el río representaba la gloria de Dios y que la tierra seca representaba al mundo. Supe por intuición que el río tenía que inundar la tierra seca, como dicen las Escrituras: "Porque la tierra será llena del conocimiento de la gloria de Jehová, como las aguas cubren el mar" (Habacuc 2:14). Sin embargo, el muro del dique parecía impenetrable. De repente, vi algo más. Se empezaron a formar pequeñas grietas en el muro, de donde brotaban chorros de agua. Pronto, empezaron a caer trozos del muro, hasta que salía agua por todas partes y de repente, todo el muro cayó y el río inundó la tierra seca, sin que quedara un solo pedazo sin cubrir.

Instintivamente supe que las grietas del muro representaban a los hombres y mujeres "quebrantados". Aquellos que han rendido sus vidas a Dios, orando con Jesús: "No mi voluntad, sino la tuya". De repente supe que la gloria del Señor cubriría la tierra, como las aguas cubren el mar. En efecto, es a través de esas personas que en este mismo momento el reino de Dios invade al mundo caído en pecado. La eterna gloria de Dios penetrará el mundo natural, a través de los hombres y mujeres rendidos a Dios. Y cuando el reino de Dios entre en contacto con el mundo del pecado empezaremos a ver efectos celestiales: sanarán los enfermos, resucitarán los muertos, se acabarán las ataduras y comenzará a suceder lo sobrenatural.

Es exactamente lo que mostró Jesús cuando estuvo en la tierra. "No mi voluntad, sino la tuya", no fue solo una oración que pronunció Jesús antes de su crucifixión. Era la invariable postura de su corazón. Vivía y caminaba siempre en perfecta sumisión a la voluntad de Dios. Dondequiera que fuese Jesús, enseñaba sobre el reino, pero no solo hablaba ¡sino que lo demostraba!

Ante todo, el reino estaba dentro de él porque estaba perfectamente sometido a la voluntad de su Padre. Y en consecuencia, se manifestaba el reino dondequiera que fuese: sanaban los enfermos, resucitaban los muertos y los demonios huían. "Hágase tu voluntad, como en el cielo así también en la tierra". Eso no era solo una expresión de deseo de Jesús, de alguna utopía imaginaria.

Jesús cumplía su propia oración y nos mostró cómo será respondida. A través de él se estaba cumpliendo la voluntad de Dios en la tierra así como en el cielo y esto es lo que Dios desea hacer también a través de nuestras vidas. Aunque todo empieza cuando llegamos a ese lugar en que sometemos nuestra voluntad a Dios: "No mi voluntad, sino la tuya". Es en ese lugar de sumisión que descubriremos y cumpliremos la voluntad de Dios para nuestras vidas.

El término griego buscar es una palabra de acción, continua. Y es importante que lo entendamos porque descubrir la voluntad de Dios para nosotros no es un destino al que llegamos sino una postura del corazón. No es cuestión de elegir la profesión correcta o de casarnos con la persona adecuada. Es una continua postura de sumisión a la voluntad de Dios, por encima de nuestra propia voluntad. Es orar toda la vida: "No mi voluntad, sino la tuya". Mientras vivamos tenemos que continuar, siguiéndolo y obedeciéndolo. Descubrir la voluntad de Dios para nuestras vidas sucede a diario cuando somos constantes y fieles en la búsqueda de conocer y hacer su voluntad.

A medida que marchamos para descubrir la voluntad de Dios, el camino angosto pasa por un oscuro valle en donde Dios pone a prueba nuestros corazones y nos quebranta. Este proceso es incómodo pero muy importante, si es que queremos ver la voluntad de Dios cumpliéndose en nuestras vidas. Es en el valle del quebranto donde aprendemos a decir: "No mi voluntad, sino la tuya". Este quebranto, que es doloroso, abre el camino a un maravilloso poder y nos hace útiles en las manos de Dios.

Si un vaquero desea aprovechar el potencial de un bello y potente potrillo, lo montará. Para el animal es muy incómodo. Porque siempre ha hecho lo que ha querido. Siempre fue amo de sus intenciones. Cuando el vaquero empieza a ejercer su voluntad sobre la del caballo, ocurre una pelea desesperada. El animal patea, corcovea, intentando que el vaquero caiga. Pero el domador seguirá subiéndose al lomo del caballo, montándolo hasta que deje de patear y corcovear. El vaquero sabe que de nada sirve hacer todo eso si no continúa hasta quebrantar la voluntad del caballo. Lo mismo pasa con el pueblo de Dios. Hasta que no llegamos al quebranto, de poco servimos en el reino de Dios.

Cuando Dios le dijo a Gedeón que sería el liberador de Israel —y al fin Gedeón le creyó—, el antes temeroso guerrero se habrá imaginado montado en un noble caballo, comandando una legión de soldados hacia una gloriosa batalla. Pero Dios pensaba en algo muy distinto. Gedeón no tendría una legión de guerreros a su mando sino una banda de más o menos trescientos tipos rudos que provenían de distintos caminos de la vida. No había arqueros ni caballería ni infantería. No tenían el mejor equipamiento para la batalla, ni espadas, ni escudos, ni lanzas. Lo que tenían eran unas curiosas trompetas y unas vasijas de barro. Al fin llegó el momento en que Gedeón y sus hombres enfrentarían a las innumerables hordas del ejército madianita. Obedeciendo la orden de Dios rompieron sus vasijas de barro, en las que tenían escondidas antorchas encendidas. Soplaron sus trompetas y empezaron a gritar. Dice la Biblia que los madianitas quedaron confundidos y se desorganizaron. Israel obtuvo la victoria entonces, una victoria improbable (ver Jueces 7).

Pablo, hablando del poder de Dios, afirma en 2 Corintios 4:7: "Pero tenemos este tesoro en vasos de barro, para que la excelencia del poder sea de Dios, y no de nosotros". Antes de que pueda operar el gran poder que hay dentro de nosotros, tenemos que quebrarnos, como las vasijas de Gedeón.

Cuando Gedeón derrotó a Madián con solo un puñado de soldados sin entrenamiento, que llevaban vasijas de barro y trompetas, era obvio que la victoria solo podía provenir de Dios, y toda la gloria fue para él. Lo mismo pasa con nuestras vidas. Cuando nos quebramos como las vasijas de barro, entonces puede relucir el poder de Dios; y toda la gloria es suya. Por eso dice Pablo: "Lo necio del mundo escogió Dios, para avergonzar a los sabios; y lo débil del mundo escogió Dios, para avergonzar a lo fuerte; y lo vil del mundo y lo menospreciado escogió Dios, y lo que no es, para deshacer lo que es, a fin de que nadie se jacte en su presencia… para que, como está escrito: El que se gloría, gloríese en el Señor" (1 Corintios 1:27-29, 31). A Dios le encanta usar vasijas de barro quebradas porque es a través de ellas que su gloria se hace más evidente.

En Mateo 14 leemos una asombrosa historia sobre un milagro: Jesús alimentó a una multitud con solo cinco hogazas de pan y dos pescados. Y no solo alcanzó para alimentar a miles de personas ¡sino que sobró! Cuando todos terminaron de comer, ¡se llenaron doce canastos con los panes y pescados que sobraron! Pero antes de que ese almuerzo fuera un gran banquete, antes de que pudiera ocurrir el milagro de la multiplicación, el versículo 19 nos dice que "tomando los cinco panes y los dos peces, y levantando los ojos al cielo, [Jesús] bendijo, y partió y dio los panes a los discípulos, y los discípulos a la multitud". Aquí hay que observar algo muy importante. Dice que Jesús hizo dos cosas: primero, bendijo la comida. Y en segundo lugar, la partió.

Jesús solo bendice lo que quebranta. Dios solo puede multiplicar lo que se ha quebrantado. ¿Quieres que Dios tome tu pequeña vida y haga con ella algo poderoso? ¿Quieres recibir bendición y bendecir a multitudes? Entonces necesitas el quebrantamiento.

El versículo 20 detalla que las canastas llenas de sobras contenían "lo que sobró de los pedazos, doce cestas llenas". Cuando lleguemos al final de nuestras vidas, cuando todo acabe y se haya consumido, las únicas partes de nuestras vidas que tendrán valor perdurable son los pedazos. La forma en que el mundo ve las cosas es muy diferente a la manera en que las mira Dios. El mundo valora lo elevado, lo potente, lo orgulloso y lo grande. Dios valora el corazón quebrantado y contrito, un corazón humilde que se inclina ante el Rey.

En Isaías 66:2 el Señor dice: "Miraré a aquel que es pobre y humilde de espíritu, y que tiembla a mi palabra". El salmista dice en el Salmo 51:17: "Los sacrificios de Dios son el espíritu quebrantado; al corazón contrito y humillado no despreciarás tú, oh Dios".

Hebreos 11:21 nos habla de Jacob, el gran patriarca, ya en el final de su vida. Lo describe diciendo: "Adoró apoyado sobre el extremo de su bordón". ¿Por qué es importante este detalle? ¿Para qué mencionarlo, siquiera? Vale la pena mencionarlo porque a Jacob lo definió un encuentro con el Señor que lo dejó rengo. El Jacob que renqueaba no era el mismo Jacob que le robó a su hermano la primogenitura y que engañó a su padre anciano. El Jacob rengo era un hombre quebrantado. Había buscado toda su vida la bendición de Dios por medio del engaño y la manipulación. Le había robado a su hermano Esaú la bendición. Había hecho fraude para recibir la bendición de su padre Isaac. Pero fue solo después de su quebranto ante el Señor que la Biblia dice que recibió la verdadera bendición, la bendición del Señor (Génesis 32:29).

Muchos habrían pensado que la renquera de Jacob era una discapacidad. Pero Jacob sabía que no era así. Su cojera era un recuerdo del encuentro con Dios que le había cambiado la vida, que le quebrantó e hizo que viviera apoyado en un bastón. Ese Jacob quebrantado era el Jacob bendecido. Ese fue el Jacob que llegó a ser un gran patriarca, padre de una nación que lleva su nuevo nombre: Israel.

En la Última Cena Jesús tomó el pan de la Comunión y dijo: "Tomad, comed; esto es mi cuerpo que por vosotros es partido; haced esto en memoria de mí" (1 Corintios 11:24). Este quebranto del que hablaba era la crucifixión que pronto sufriría. Ese quebrando daría rienda suelta al poder más grande que haya visto el mundo. El apóstol Pablo dice: "Con Cristo estoy juntamente crucificado, y ya no vivo yo, mas vive Cristo en mí" (Gálatas 2:20). Cuando nos crucificamos con Cristo, esa muerte del propio ser es un quebranto que permite que la vida de Cristo fluya desde nosotros. La persona quebrantada es la persona crucificada con Cristo. Es en este tipo de individuos que se cumple la voluntad de Dios, y en quien está presente el reino de Dios, que fluye hacia el mundo desde su interior.

Muerte a tu visión

Cuando hablamos de crucificarnos con Cristo y morir a nosotros mismos, ¿qué estamos diciendo? Estamos diciendo que morimos a nuestros deseos, nuestro ego, nuestra voluntad. A veces, significa incluso que morimos a nuestra propia visión. Quizá digas: "Yo sé que Dios me dio mi visión y que es su voluntad". Pero hay un peligro inherente. Es posible que el llamamiento, las promesas y la visión que Dios nos dio se conviertan en nuestra principal ambición, y entonces se opongan a Dios, puesto que él no está dispuesto a compartir nuestro corazón con nada, ni siquiera con las cosas buenas.

Isaac fue el cumplimiento de la promesa que Dios le hizo a Abraham. Pero Dios no quería compartir el corazón de Abraham, ni siquiera con Isaac. Así que le pidió a Abraham que pusiera a Isaac en el altar y lo ofreciera como sacrificio, sabiendo que sería la prueba máxima del amor de Abraham. El autor A. W. Tozer expone esto de manera brillante en su clásico libro *La búsqueda de Dios*:

> *Dios dejó que el afligido anciano fuese hasta el punto en que no había retorno. Luego, impidió que hiciera daño al muchacho. En efecto, le está diciendo al patriarca: "Nunca fue mi intención sacrificar al muchacho. Lo que yo quería era quitarlo del templo de tu corazón para poder reinar yo en él, sin que nada, ni nadie, puedan disputarme ese lugar. Quise corregir la dirección de tu amor. Ahora puedes contar con tu hijo sano y bueno. Regresa con él a la tienda; ya sé que temes a Dios, pues no me has rehusado tu hijo, tu único hijo".*[29]

¿Qué significa rendir nuestra voluntad a Dios? La palabra rendir suena bastante drástica. Muchos estamos dispuestos a rendirnos hasta que empieza a dolernos, pero rendirnos de verdad es doloroso. Hay personas dispuestas a rendirse mientras sea lógico, pero rendirnos de verdad no tiene nada que ver con nuestra razón ni nuestra lógica. Otros rendirán lo que sea malo y dañino, pero Dios no se satisface con eso. Para Dios, no nos rendimos del todo hasta que la rendición es total, completa y lo abarca todo. No implica decir sencillamente: "Hágase tu voluntad", sino que incluye "no la mía". Esta muerte al propio ser no es un tipo de sadismo divino. Dios siempre tiene la vida en mente. Así como el jardinero poda las ramas viejas para que puedan brotar las nuevas, Dios quiere eliminar lo que impida la vida y el crecimiento. Ese lugar de muerte es también el lugar del nacimiento ¡y así es cómo nacen en la tierra los propósitos de Dios!

A John Wimber se le conoce por ser fundador del movimiento eclesial Vineyard, es famoso por su maravillosa música que conmueve al mundo y en muchos aspectos revolucionó la adoración en la iglesia moderna. Sin embargo, hay muchos que no saben que John Wimber era muy exitoso siendo músico secular. Dos de sus sencillos fueron éxitos y estuvieron en la lista de los diez más vendidos en los Estados Unidos antes de que conociera al Señor y abandonara la fama y la fortuna para seguirlo. Su esposa Carol contó esta historia:

> *Hacía pocos meses que John y yo éramos cristianos. No teníamos dinero y se acercaba la Navidad. John había entregado su carrera musical porque Jesús se lo había pedido. Tras negarse a una lucrativa oferta para hacer un álbum de Navidad, colgó el teléfono en silencio. Vi que John iba al armario, al banco del piano, a los cajones, y reunía todo el trabajo de su vida, todo ese talento, y lo ponía en cajas de cartón, y fuimos en el auto al basurero de Yorba Linda. Cuando sacó la última caja de la camioneta y la echó en el basurero, pensé en Juan 12:24: "Si el grano de trigo no cae en la tierra y muere, queda solo; pero si muere, lleva mucho fruto". En mi corazón, sé que fue entonces que la adoración nació en Vineyard.*[30]

¿Qué pasaría si Dios te pidiera que abandonaras lo que más te gusta? ¿Y si te pidiera que entregaras tu don o tu talento, eso que te define, eso que hace que sientas que vales? ¿Podrías entregar tu promesa y ponerla en el altar como lo hizo Abraham con Isaac, o tirar al basurero tus tesoros como lo hizo John Wimber? ¿Has mirado últimamente para ver quién está sentado en el trono de tu corazón? ¿Eres tú? ¿Tu visión? ¿Tu sueño? ¿O Jesús?

Amigo, quiero decirte que Dios tiene un plan maravilloso para tu vida y quiere usarte de manera extraordinaria para su gloria. Pero la resurrección solo puede venir tras la muerte, la muerte al propio ser, a tu voluntad, la muerte a tus deseos y a tus sueños. En estos momentos dolorosos de rendición es que se establece en nosotros el reino de Dios, cuando oramos con Jesús: "Hágase tu voluntad, no la mía". Este quebranto maravilloso nos permite convertirnos en extensión del dominio de Dios y nuestras vidas se vuelven "grietas en el muro" por las que puede venir su reino ¡y hacerse su voluntad, aquí, en la tierra!

Capítulo 8

SECRETO N° 3. OÍR LA VOZ DE DIOS

Cuando asistía a la Southeastern University de Lakeland, Florida, el presidente de la institución era el Dr. Mark Rutland. Recuerdo que una vez contó que en un vuelo desde Los Ángeles tras una época intensa de ministerio, se sentía cansado y poco espiritual en ese momento en particular. Pero su compañero de asiento en el avión tenía ganas de conversar.

—¿Cuál es su ocupación? —quiso saber el caballero.

—Soy ministro y presidente de una universidad bíblica —contestó el Dr. Rutland. El caballero, que también era ministro, supuso automáticamente que pertenecían a la misma denominación y siguió haciéndose preguntas hasta que descubrió que de hecho la filiación del Dr. Rutland era a una denominación pentecostal.

Fue entonces que el caballero vio que sus posturas doctrinales eran muy distintas, por lo que su actitud cambió de inmediato. Su tono se volvió defensivo y decidió aprovechar la oportunidad para debatir con un pentecostal en vivo y en directo.

—Quiero preguntarle algo —dijo.

El Dr. Rutland no estaba con ánimo como para debatir.

—Amigo... ¿no podríamos solo relajarnos y disfrutar de nuestra soda baja en calorías?

Pero el hombre insistió.

—No. Necesito saber algo. Solo responda esta pregunta: si el canon de la Biblia ya está cerrado ¿cómo creen ustedes que Dios todavía habla? Porque yo creo que no lo hace.

El Dr. Rutland no tenía ganas de contestar, ni de debatir.

—Bueno… Responderé su pregunta si usted responde la mía: ¿Ha sido llamado a predicar o no?

—Sí, claro que estoy llamado a predicar —replicó el hombre enseguida.

—Entonces dígame, ¿quién lo llamó? —dijo el Dr. Rutland.

El hombre no pudo responder. Volvió la mirada hacia la ventana y no le habló más durante el resto del viaje.

Oír la voz de Dios es uno de los secretos más básicos y profundos para descubrir la voluntad de Dios para tu vida. De hecho, sin la capacidad de oír la voz de Dios sería imposible conocer su voluntad. Dios nos habla a través de una incontable cantidad de medios y métodos, pero hay mucha gente que sencillamente no se da cuenta de esto. Lo sepas o no, Dios te está hablando y tu capacidad para reconocer su voz es no solo la clave para descubrir su voluntad sino también lo que te permitirá permanecer dentro de su voluntad durante el resto de tu vida. Oír la voz de Dios no solo es posible para los hijos de Dios sino que es un imperativo absoluto: ¡Tenemos que escuchar esa voz y dejar que nos guíe!

El evangelista Reinhard Bonnke dijo: "Sería difícil hallar en las Escrituras una sola línea sobre la cual fundar una doctrina sobre un Dios callado. Eso no tiene nada que ver con lo que la Biblia nos dice. Hay personas que clamaban a Dios porque así le conocían, como un Dios a quien podían oír. Da miedo la idea de un cielo en silencio: "A ti clamaré, oh Jehová. Roca mía, no te desentiendas de mí, para que no sea yo, dejándome tú, semejante a los que descienden al sepulcro", dijo el salmista (Salmos 28:1, RVR60). En 1 Corintios Pablo también traza un contraste entre los "ídolos mudos" (1 Corintios 12:2) y los dones vocales del Espíritu como las lenguas, la profecía, la interpretación, la palabra de conocimiento y la palabra de sabiduría. Son dones de Dios, típicos de un Dios que habla".[31]

> Sin la capacidad de oír la voz de Dios sería imposible conocer su voluntad.

Jesús dijo: "Mas el que entra por la puerta, el pastor de las ovejas es. A éste abre el portero, y las ovejas oyen su voz; y a sus ovejas llama por nombre, y las saca. Y cuando ha sacado fuera todas las propias, va delante de ellas; y las ovejas le siguen, porque conocen su voz. Mas al extraño no seguirán, sino huirán de él, porque no conocen la voz de los extraños" (Juan 10:2-5). Si somos parte de su rebaño, todos hemos sido llamados por la voz del Buen Pastor y la voz que nos llamó a la salvación es la misma que ha de guiarnos a lo largo de nuestras vidas.

Honrar su Palabra escrita

Todo consejo en cuanto a oír la voz de Dios invariablemente tiene que empezar con lo que Dios ya ha revelado en las Escrituras. Y no lo digo porque sienta algo así como un deber religioso de presentar mi consejo "real" con un gesto de cortesía a la Biblia. Puedo decir con sinceridad que, en lo personal, la forma más común en que he oído la voz de Dios y percibido la guía de él en mi vida es a través de las Escrituras. Y de hecho, casi todo lo que hay escrito en este libro viene de lo que Dios me ha mostrado mientras medito en su Palabra.

Las Escrituras siempre le estarán hablando a quien se tome el tiempo para meditar en ellas. Si dices que quieres oír la voz de Dios pero no tienes deseos de leer la Biblia te estás engañando. Las Escrituras resuenan con el tono de voz, la métrica, el volumen y el ritmo de la voz de Dios. Aprenderás a reconocer su voz y cultivar un amor profundo y permanente por lo que Dios ya ha dicho en su Palabra escrita. Dios se ha ocupado de preservar su Palabra a lo largo de siglos y siglos. Muchos hombres y mujeres de Dios han pagado un precio muy algo, incluso con su sangre, para que pudiéramos tener las Escrituras. Así que si no te interesa tanto lo que Dios ya dijo como para tomarte el tiempo de leer su Palabra, ¿para qué te hablaría Dios con el fin de decirte algo más?

Hace poco envié un mensaje de correo electrónico a uno de los miembros de mi equipo de trabajo, con instrucciones detalladas sobre algo que había que hacer. El hombre vino a verme enseguida para que le aclarara las cosas y fue muy obvio que no se había tomado el tiempo de leer mi correo con atención porque allí estaban las respuestas a todas sus preguntas. ¿Por qué iba yo a repetir todas mis instrucciones solo porque no se tomó el tiempo de leer lo que ya le había dicho? Respondí sus preguntas sencillamente indicándole mi mensaje original. Pienso que muchas veces nos preguntamos por qué Dios no nos habla, y es tan simple: Él ha ya hablado, pero nosotros no nos tomamos el tiempo de leer lo que dijo. Las respuestas a muchas de nuestras preguntas han estado allí, delante de nuestras narices todo el tiempo, juntando polvo, mientras clamamos a Dios pidiendo que desde el cielo nos diga algo.

Si el enemigo puede impedirte que leas la Palabra de Dios, también puede impedirte que oigas la voz de él. Si realmente quieres oír la voz de Dios que te habla, tendrás que tomarte un tiempo cada día para meditar en las Escrituras. Jesús dijo: "Las palabras que yo os he hablado son espíritu y son vida" (Juan 6:63). Hay una dimensión de conciencia y sensibilidad sobrenatural que parece aumentar en nuestras vidas cuando nos tomamos el tiempo para leer y meditar la Palabra de Dios. Si aprendemos a reconocer el sonido del cielo al leer su Palabra, podremos reconocer mejor su voz y cuando Dios nos habla de manera individual.

Dios habla a través del Espíritu Santo

En la iglesia muchos creyentes sinceros, nacidos de nuevo, parecen haberse dividido en dos campamentos. Están "los del Espíritu" y "los de la Palabra". Los del Espíritu ponen el énfasis en los aspectos de la experiencia del cristianismo: el poder, la unción, las manifestaciones sobrenaturales y demás. Los de la Palabra prefieren un ángulo más cerebral y se ven como serios estudiantes de la Palabra que no quieren tener nada que ver con lo que parezca impulsado por las emociones. Para mí, esas distinciones son insensatas.

Si alguna forma del cristianismo, emocional o empírico, no se basa en las Escrituras, no es más que misticismo de la Nueva Era.

Y si alguna forma del cristianismo es totalmente cerebral y no tiene impacto en la experiencia real de la Palabra, no es más que una cáscara vacía. Los de la Palabra tienen que ser del Espíritu, y los del Espíritu también tienen que ser de la Palabra. No hay por qué separarse. De hecho, ¡hacerlo es peligroso!

En Efesios 6 Pablo habla de la "armadura de Dios", que incluye el cinto de la verdad, la coraza de la justicia, los zapatos del evangelio de la paz, el escudo de la fe, el casco de la salvación y la espada del Espíritu, que es la Palabra de Dios (vv. 14-17). Quiero que observes que en esta lista no hay armas ofensivas. Invariablemente estarás en desacuerdo y me dirás que la espada lo es. Pero mira con atención. No se nos dice que la Palabra de Dios es "la espada del cristiano". Es la espada del Espíritu. En otras palabras, pertenece al Espíritu.

Solo él puede blandir esa espada correctamente. Sin la iluminación que da el Espíritu Santo la Biblia no es más que tinta negra sobre papel blanco. Por eso es que algunos estudiantes de las Escrituras, muy disciplinados e incluso profesores y académicos, pueden ser ateos y agnósticos. Son personas que estudian las Escrituras desde una perspectiva puramente intelectual y cognitiva. Son personas que han usado la Biblia para cometer el pecado de la idolatría. Todo lo que ven son objeciones, y lo único que obtienen son dudas. "Porque la letra mata, mas el espíritu vivifica", dice Pablo (2 Corintios 3:6).

> Si de veras quieres oír que te habla la voz de Dios, hazte un tiempo cada día para meditar en las Escrituras.

Al final de ministerio de Jesús en la tierra mientras se preparaba para morir en la cruz, les dijo a sus discípulos: "Mas el Consolador, el Espíritu Santo, a quien el Padre enviará en mi nombre, él os enseñará todas las cosas, y os recordará todo lo que yo os he dicho" (Juan 14:26). El Espíritu Santo no es una doctrina, ni una denominación, ni una experiencia optativa reservada solo para unos pocos cristianos. Es una verdad tan importante que no podemos dejar de repetirla. El Espíritu Santo es la tercera persona de la Trinidad, dada por el Padre en respuesta a la oración de Jesús, de ser y hacer todo lo que Jesús haría en nuestras vidas si él estuviera físicamente todavía aquí. Oír la voz de Dios en realidad es oír la voz del Espíritu Santo en nuestros corazones. Sin su activa participación en nuestras vidas los cielos estarían en silencio porque es él quien nos revela la voz de Dios en nuestros corazones.

Cuando le damos al Espíritu Santo un lugar de honor en nuestras vidas, nos volvemos más sensibles a su voz. Y cuando más honor, más oímos su voz. Es esta comunión con el Espíritu Santo lo que agudiza nuestra sensibilidad espiritual y hace que nuestros corazones sean más capaces de oír la voz del Señor cuando nos habla.

Para oír su voz hay que empezar por "ir ahora"

Hay un arbusto pequeño llamado *dictamnus albus* que crece en Israel (y en muchos otros lugares). Se le conoce también como "planta de gas" o "arbusto ardiente" porque emite un vapor inflamable que puede entrar en combustión espontánea si el sol del desierto lo calienta lo suficiente. Algunos comentaristas de la Biblia creen que la zarza ardiente que vio Moisés bien podría ser un *dictamnus albus*.[32]

> Y se le apareció el Ángel de Jehová en una llama de fuego en medio de una zarza; y él miró, y vio que la zarza ardía en fuego, y la zarza no se consumía. Entonces Moisés dijo: Iré yo ahora y veré esta grande visión, por qué causa la zarza no se quema. Viendo Jehová que él iba a ver, lo llamó Dios de en medio de la zarza, y dijo: ¡Moisés, Moisés! Y él respondió: Heme aquí.
>
> —Éxodo 3:2-4

Aquí es donde Moisés recibió su llamado divino y descubrió la voluntad de Dios para él. Sin embargo, tenemos allí un interesante detalle que muchas veces se pasa por alto. Ante todo es importante observar que a Moisés no le impresionó ver un arbusto en llamas. Había vivido en el desierto cuarenta años y estoy seguro de que ya habría visto muchos dictamnus albus, e incluso los habría visto en combustión espontánea. Pero este era especial porque seguía ardiendo y ardiendo pero "no se consumía".

No sé cuánto tiempo ardió la arza antes de que Moisés se diera cuenta de que estaba pasando algo extraordinario. Quizá fue un día, o una semana, o un mes antes de que decidiera investigar el fenómeno. Las Escrituras no nos lo dicen. Pero sí hay algo seguro. Dios jamás le gritó a Moisés desde la zarza: "Oye, tú ¡Moisés! ¡Ven aquí! ¡Tengo que decirte algo!". No. Dios esperó hasta el versículo 4. Allí dice que cuando el Señor vio que Moisés fue a ver, entonces —y solo entonces— Dios lo llamó desde en medio de la zarza.

Me han preguntado muchas veces: "¿Por qué Dios no me habla?". Y pienso que en muchos casos la razón es muy simple: ¡No estamos escuchando! Estamos tan ocupados y apurados que pasamos de largo ante el Señor y nunca nos detenemos para darle nuestra atención. Me pregunto cuántas veces nos perdemos un encuentro con Dios o una palabra desde el cielo sencillamente porque estamos demasiado ocupados como para tomarnos del tiempo de "ir a ver". He conocido cristianos que sienten lástima de sí mismos porque se sienten olvidados, que los pasan por algo.

Mientras otros viven experiencias como la de la zarza ardiente y reciben grandes revelaciones de Dios, ellos parecen quedar siempre afuera, y preguntan: "¿Está Dios enojado conmigo? ¿No me ama? ¿No soy especial para él?". Quiero decirles que tal vez Dios solo ha estado esperando que no vayan tan rápido y que "vayan a ver".

Hace años ministré en una iglesia donde el Espíritu Santo se movió con gran potencia y causó un crecimiento enorme. Muchos eran salvos y se hacían discípulos. Tras uno de los servicios tan poderosos vi que un nuevo converso le hablaba a uno de los diáconos de la iglesia. Por curiosidad sobre lo que hablaban me acerqué para escuchar. El joven decía:

—Hace poco que soy salvo y me cuesta orar.

—Muchacho, la oración es fácil. Tan solo háblale a Dios. Háblale como le hablarías a un amigo —contestó el diácono.

—Sí, eso hago —dijo el joven—. Pero a los cinco minutos ya dije todo lo que tengo que decir. Oigo que otros dicen que pasan horas orando. ¿Cómo puede uno orar tanto tiempo? ¿De qué hablan?

El diácono empezó a explicarle:

—Ante todo, necesitas hacer una lista de todos tus amigos y parientes en un papel. Luego haces a lista de todo lo que necesitas. Y la lista de todas las cosas que tienes que agradecer...

Y así fue enumerando las cosas del catálogo de lo que hay que hablar con Dios. Cuando el diácono terminó de darle su consejo, llevé aparte al joven y le dije:

—¿En verdad quieres conocer el secreto a la oración?

—Sí, dígamelo por favor.

—Puedo dártelo en una sola palabra: escucha.

Por sincero que fuera ese diácono, el consejo que le dio al joven era terrible. Si el joven hubiera hecho lo que le mandó estoy seguro de que en una semana ya habría agotado su vida de oración. La oración no tiene que ver con las largas listas de pedidos a Dios y de hablar todo lo que se pueda. A veces lo mejor que puedes hacer es *¡estarte quieto y escuchar!* Cuando estoy ante alguien que está lleno de sabiduría, con muchos años de rica experiencia, me propongo mantener la boca cerrada y escuchar lo que diga porque sé que lo que tiene que decir es más importante que lo que yo diga.

¿Piensas acaso por un segundo que lo que tú tienes que decir es más importante que lo que Dios tiene? François Fénelon dijo: "Una humildad locuaz no tiene demasiada raíz".[33] Aprende a callar ante el Señor, en postura de humildad y temor reverencial, y sintoniza tus oídos espirituales con su voz. Dios te hablará en este lugar y encontrarás su presencia como la encontró Moisés: cuando vayas a ver y escuches.

Discernir la voz del Señor

Así que ¿piensas que Dios te habló pero no tienes certeza de que así haya sido? A todos nos pasó. La verdad es que a veces es fácil reconocer la voz de Dios, aunque otras veces no lo es. Si en tu mente sigue estando la pregunta de si lo que percibes viene de Dios, o no, pregúntate lo siguiente.

¿Es bíblico?

Si la respuesta a esa pregunta es "no", allí tienes lo que querías saber. Dios *jamás* te dirá que hagas *nada* que se oponga a su Palabra. Incluso si lo que sientes es fuerte y parece tan real ¡cuidado! Hay muchos espíritus en el mundo, pero solo un Espíritu Santo. Y el Espíritu Santo nunca va a contradecir a las Escrituras.

¿Hace esto que mi corazón se confunda?

Si la respuesta a esta pregunta es "sí" entonces lo que estás percibiendo probablemente no venga de Dios porque Dios no es el autor de la confusión (1 Corintios 14:33). Jesús comparó a su pueblo con ovejas, y las ovejas se asustan y confunden con mucha facilidad. Dios tal vez nos desafíe a pensar distinto sobre las cosas, o a buscar nuevos niveles de fe, pero jamás crea la confusión o la duda y la pelea que suele acompañar a los desafíos.

¿Produce paz en mi corazón?

La voz de Jesús viene con la conciencia de la paz celestial. Por el contrario, el diablo usa la urgencia, la presión y el miedo para manejar a las personas. Claro que puede haber excepciones a esta regla. A veces el Señor habla palabras de corrección y reprimenda. Y también hay situaciones en las que la palabra del Señor es sensible al tiempo y hace falta actuar de inmediato. Pero casi siempre, cuando Dios habla no es con presión, impulso o exigencia, como diciendo: "¡Tienes que hacer esto *ahora mismo* o ya vas a ver!".

Si crees que Dios te está hablando para advertirte un peligro inminente y tienes que reaccionar rápido, hazlo. Pero si crees que Dios te está hablando para que renuncies a tu empleo, que vendas tu casa y vayas al campo misionero antes del próximo jueves, mejor será que vayas despacio, que entres en la Palabra y busques consejo de Dios.

¿He acallado mis propios deseos e intereses?

La voz de nuestros anhelos, intereses y opiniones fácilmente puede confundirse con la de Dios. Para asegurarnos de que lo que oímos es de Dios tenemos que identificar nuestros deseos e intereses propios y, como acción intencional de nuestra voluntad, neutralizarlos. Cuanto más fuerte habla nuestra voluntad, más callada será la voz de Dios. Por eso, si lo que percibes va diluyéndose cuando aquietas tus deseos, entonces sabes que no es de Dios. Pero si lo que percibes se hace más fuerte cuando neutralizas tus propios deseos, entonces sí puede provenir del Espíritu Santo.

Familiarízate con su voz

¿Has estado en algún lugar lleno de gente, como un centro de compras en la época de Navidad, y oíste que alguien amado te llamaba? A pesar del ruido, de la música navideña y las multitudes de gente haciendo compras, reconociste ese sonido familiar por sobre todo lo demás porque se trataba de alguien amado.

Dios casi nunca les habla a los extraños que no tienen tiempo para él, e incluso si lo hiciera, ellos no reconocerían su voz. Le encanta hablar con quienes le aman y desean vivir sus vidas en su presencia. Se acerca a quienes, por voluntad propia, se han acercado a él (Santiago 4:8). Cuanto más tiempo pasamos a solas con Dios, buscando su rostro por medio de la oración y la alabanza, tanto más fácil resulta oír y reconocer de inmediato su voz en nuestros corazones. Cuanto más amamos a Dios, más sintonizados estarán nuestros oídos con el sonido de su voz.

Dios sí le habla a su pueblo por medio de su Espíritu. El desafío está en aprender a oír y luego tener la determinación, la fe y el amor para simplemente obedecer lo que nos esté diciendo. Todos podemos oír la voz de Dios si queremos aprender a oírle. "Porque todos los que son guiados por el Espíritu de Dios, éstos son hijos de Dios" (Romanos 8:14).

Capítulo 9

SECRETO N° 4. PARA SUBIR HAY QUE BAJAR

En las décadas de 1970 y 1980 la CBS trasmitía una serie llamada *The Jeffersons*. Era sobre una familia afroamericana que se hizo rica y que, de un barrio pobre de Queens, se mudó a un lujoso apartamento en Manhattan. Mientras celebraban su reciente ascenso los Jeffersons hablaban de "subir" en la escala social, y sus frases llegaron a ser sinónimos de la serie.

Cuando hablamos de ascenso solemos pensar en el movimiento ascendente, como cuando subimos una escalera, tocamos el techo, llegamos a la cima, nos elevamos, nos dan un aumento en el trabajo, etc. Pero "subir" es la mejor expresión.

Subir. Es la dirección en que todos queremos ir porque el camino hacia arriba parece ser el que conduce a la fama, la fortuna, el honor y la gloria. Pero, ¿no es interesante que muchas de las sustancias más preciosas del planeta solo puedan conseguirse cavando para llegar bien profundo? Quien está dispuesto a ir muy abajo puede volverse muy rico. Los ingenieros también saben que para construir un edificio alto primero hay que llegar bien profundo para echar los cimientos. Lo mismo pasa con Dios. Jesús dijo: "Porque cualquiera que se enaltece, será humillado; y el que se humilla, será enaltecido" (Lucas 14:11). El camino más bajo, la humildad, es el único para llegar a Dios.

José soñaba con la grandeza. Vio a su padre, a su madre y a sus hermanos inclinándose ante él en un sueño. Pero la forma en que Dios hizo que José ascendiera a la cima no es lo que podríamos haber imaginado. Es una ironía que esos mismos sueños de gloria que causaron desprecio en los corazones de sus hermanos como para que le vendieran como esclavo, le hicieran llevar una vida humillada.

El camino de José a la grandeza le llevó por los profundos valles del servicio, de muerte a su propio ser, e incluso de prisión en el calabozo real. Durante un tiempo la vida de José parecía ir cuesta abajo, siempre de mal en peor. Estoy seguro de que hubo momentos en que habrá preguntado: "¿Por qué, Dios?". ¿No era Dios quien le había prometido ascenso, influencia? ¿Había hecho algo malo José? ¿Por eso era que Dios permitía que pasara por dificultades tan grandes?

José descendió la oscura y serpenteante escalinata de la humillación y la sumisión. Y cuando llegó a la última puerta que había abajo, descubrió que ese camino descendente y oscuro le había llevado ¡a la cima! Casi de la noche a la mañana se encontró en uno de los puestos de poder más altos, de mayor autoridad en el mundo. Y durante todo ese tiempo ese camino de humillación que Dios había usado, era lo que tenía decidido para enaltecerlo. José descubrió que *para subir, hay que bajar.*

La voluntad de Dios para tu vida siempre te lleva por el camino de la humillación.

Quizá el ejemplo más acabado de este principio sea el de Jesucristo mismo. Él, que "siendo en forma de Dios, no estimó el ser igual a Dios como cosa a que aferrarse, sino que se despojó a sí mismo, tomando forma de siervo, hecho semejante a los hombres; y estando en la condición de hombre, se humilló a sí mismo, haciéndose obediente hasta la muerte, y muerte de cruz. Por lo cual Dios también le exaltó hasta lo sumo, y le dio un nombre que es sobre todo nombre, para que en el nombre de Jesús se doble toda rodilla de los que están en los cielos, y en la tierra, y debajo de la tierra; y toda lengua confiese que Jesucristo es el Señor, para gloria de Dios Padre" (Filipenses 2:6-11).

El mundo nos enseña que vivimos en un ambiente competitivo y que si queremos avanzar tenemos que pelear por nuestros derechos, probándonos, y hasta pisar a los que compiten con nosotros. Sin embargo, el salmo 75:6-7 nos dice que "ni de oriente ni de occidente, ni del desierto viene el enaltecimiento. Mas Dios es el juez; a éste humilla, y a aquél enaltece". Si queremos ser enaltecidos tendremos que seguir la sabiduría del consejo de quien enaltece:

- Porque cualquiera que se enaltece, será humillado; y el que se humilla, será enaltecido (Lucas 14:11).
- Bienaventurados los mansos, porque ellos recibirán la tierra por heredad (Mateo 5:5).
- Humillaos delante del Señor, y él os exaltará (Santiago 4:10).
- La soberbia del hombre le abate; pero al humilde de espíritu sustenta la honra (Proverbios 29:23).
- Porque no es aprobado el que se alaba a sí mismo, sino aquel a quien Dios alaba (2 Corintios 10:18).

Para subir hay que bajar

Escanea el código QR

o visita

Livebeforeyoudiebook.com/3

La primera vez que visité la Torre Eiffel observé que había tres filas para elegir. Una iba hasta el primer nivel. La otra, hasta el segundo y la tercera era para llegar hasta arriba de todo. Llegar hasta París para solo subir hasta el primer nivel o el segundo me parecía ridículo. Estaba decido a llegar arriba de todo. Podía ver que las filas del primero y segundo nivel empezaban a subir las escaleras de inmediato pero por alguna extraña razón mi fila empezó a bajar. Me parecía raro que la fila que llegaría a lo más alto tuviera que descender, pero pronto vi por qué. Mientras los demás subían las escaleras, nosotros íbamos a un ascensor que nos llevaría hasta el tope.

La voluntad de Dios para tu vida siempre te lleva por el camino de la humillación. No cometas el error de pensar que este camino es para los perdedores. Hay gente tan ansiosa por alcanzar el éxito que trepa de un nivel a otro con todas sus fuerzas, demostrando quiénes son, enalteciéndose a sí mismos con febril urgencia. Tienes que saber que Dios tiene un ascensor esperando a quienes buscan llegar más alto que el nivel uno o el dos. Y la única forma de llegar al ascensor de Dios es bajando a ese lugar de la humillación y la sumisión. Ese es el camino que recorrió Jesús y el que lleva al lugar más alto de la existencia. Para subir hay que bajar.

Capítulo 10

SECRETO N° 5. ¡ACTUAR!

Un conocido evangelista asistía a una convención sobre evangelismo masivo que se realizaba en Indianápolis. Inspirado por los conmovedores mensajes que oía sobre cómo ganar a los perdidos, fue con su líder musical a la esquina de la calle durante uno de los intervalos. Allí, el músico se paró sobre un cajón, empezó a cantar y cuando tenían un grupo de gente ya reunido el evangelista empezó a predicar. Muy pronto, había tanta gente que empezaban a ocupar la calle. El evangelista pensó que lo mejor sería invitar a la gente a ir con él a la sala de convenciones cercana donde se realizaba la conferencia sobre evangelización. El auditorio se llenó entonces con gente que tenía hambre espiritual y el evangelista empezó a predicarles el evangelio con gran pasión.

Tras un rato los delegados de la convención volvieron del intervalo de la comida, y vieron que ahora había gente de la calle ocupando sus asientos reservados. Empezaron a murmurar y a quejarse. Este evangelista, ¿quién era para imponérseles de esa manera? ¿Pero quién se cree que es? Los líderes de la convención deliberaron sobre qué habría que hacer, por lo que le mandaron un mensajero al evangelista con el veredicto. El evangelista estaba en la mitad de su sermón cuando se acercó el mensajero y le habló al oído. Dejó de predicar y le dijo a la multitud que había venido a oír el evangelio: "Tenemos que interrumpir porque los hermanos de la convención quieren pasar a la sala y hablar sobre el tema de 'Cómo llegar a las multitudes'".

Siempre parece que hay una gran división en la vida entre la acción y la intención, entre lo que se hace y lo que se dice, entre hacer algo y solo hablar de que lo haremos. Y es en este espacio que hay entre el deseo y el hecho donde muere la mayoría de la gente, en un desierto de inacción. Por cada uno que actúa, dispuesto a salir al ruedo, hay mil profesionales delegados de la conferencia que se conforman con hablar interminablemente de la necesidad, sin hacer nada en absoluto más que hablar. Pero quienes sí van a ver la voluntad de Dios que se cumple en sus vidas son aquellos que actúan, que tienen iniciativa, un sentido de urgencia.

En el mundo cristiano hay muchos que se pasan la vida entera esperando que Dios haga algo por ellos. Hablan de esperar los tiempos de Dios, de su provisión, y esperan que Dios "abra el camino", "abra puertas" y les dé "asignaciones divinas". Aunque por cierto habrá situaciones en la vida en que tendremos que esperar al Señor muchas veces (si somos francos, ¡la mayoría de las veces!); la verdadera razón que subyace a la inacción no tiene casi nada de espiritual, como querríamos creer. En el mundo secular la gente tiene el mismo problema pero en lugar de "esperar a Dios" están esperando "el momento justo", "la oportunidad perfecta". Tanto para el santo como para el pecador hay momentos perfectos que jamás llegarán.

Quienes sí van a ver la voluntad de Dios que se cumple en sus vidas son aquellos que actúan, que tienen iniciativa, un sentido de urgencia.

Hace poco hablaba con una joven que quiere asistir a cierta universidad bíblica. Con caprichosa indiferencia me dijo que no estaba segura de cuándo iría. Dijo que había bastantes obstáculos (mayormente económicos) y que creía que si de veras era la voluntad de Dios él "prepararía el camino" para ella. Es decir, pensaba que si de veras tenía que asistir a esa universidad Dios iba a resolver todos sus problemas, pagar todas sus cuentas y desplegar una alfombra roja para ella. ¡Esta forma de pensar hace que quiera subirme a una mesa para gritar a los cuatro vientos!

¿Dónde está la urgencia? ¿Dónde está la pasión? ¿Dónde está la *chutzpah*? Si quieres que Dios abra los mares para ti pero ni siquiera te acercas para mojarte la punta del pie, entonces vives en un mundo de fantasía. Porque sencillamente las cosas no funcionan de ese modo.

Incluso cuando Dios está de lleno en algo y lo ha ordenado, rara vez arreglará todos los aspectos de tu vida para que todo sea perfecto y fácil. Por el contrario, en muchos casos la voluntad de Dios para tu vida te parecerá el camino más difícil, el que tendrás que seguir con verdadera determinación. Dijo Jesús: "Desde los días de Juan el Bautista hasta ahora, el reino de los cielos sufre violencia, y los violentos lo arrebatan" (Mateo 11:12). Dios busca a los de corazón ardiente. No a los "pechos fríos" que no sienten pasión.

Uno de mis pasajes favoritos es Daniel 11:32: "El pueblo que conoce a su Dios se esforzará y actuará". Quien conoce a Dios y entiende sus caminos sabrá que Dios espera que actuemos. Dios no puede bendecir nuestras buenas intenciones, sino solo ¡lo que hacemos en realidad!

Jesús contó una parábola en Mateo 21:28-31: "Un hombre tenía dos hijos, y acercándose al primero, le dijo: Hijo, ve hoy a trabajar en mi viña. Respondiendo él, dijo: No quiero; pero después, arrepentido, fue. Y acercándose al otro, le dijo de la misma manera; y respondiendo él, dijo: Sí, señor, voy. Y no fue. ¿Cuál de los dos hizo la voluntad de su padre? Dijeron ellos: El primero".

Es clara la moraleja de esta historia: no bastan las buenas intenciones y las promesas vacías. ¡Dios busca a hombres y mujeres de acción! "Sed hacedores de la palabra, y no tan solamente oidores", dice Santiago (1:22).

Pablo, en 2 Corintios 9:10, dice que Dios le da semillas al sembrador. Los caminos de Dios son contraintuitivos. Diríamos que Dios primero tiene que darnos la semilla para que podamos sembrar. Pero Dios dice: "Siembra primero y entonces te daré la semilla". Mientras esperamos que Dios provea, Dios espera que actuemos. Lo que mueve la mano y el corazón de Dios es la demostración de nuestra fe, no solo nuestra necesidad.

Muévete

Para volar el avión necesita "elevarse", para lo cual precisa velocidad y para la velocidad necesita "empuje". El empuje es la fuerza que hace que el avión avance, sin esa fuerza todo lo demás no sirve. El diseño aerodinámico, el piloto experto en la cabina, la sofisticada tecnología de navegación y el tanque lleno de combustible no servirán de nada a menos que se enciendan los motores y esa fuerza haga que el avión avance. En tu vida hay una sola persona que puede provocar esta fuerza: tú. Dios será tu piloto. Será el viento bajo tus alas, el combustible de tu tanque, pero tienes que darle algo de movimiento con qué trabajar. No puedes hacer lo que le toca a Dios ni Dios hará lo que te toca a ti. Te toca poner primera, dejar de estar solo mirando el cielo y moverte. Reinhard Bonnke dijo: "Dios te levantará del pozo más profundo pero no de la mecedora. Eso tendrás que hacerlo tú". ¿Qué estás esperando, entonces? ¿Cuánto tiempo más pasarás sin hacer nada mientras envejeces en el desierto de la inacción?

Es verdad que Dios abre puertas, a veces no las abre por distintos motivos. Pero es muy improbable que *todas* las puertas estén cerradas. Imagina un hombre esperando en la luz roja del semáforo en el centro de una gran ciudad. La luz cambia a verde y cuando mira delante ve que las siguientes cinco luces siguen rojas. ¿Se quedará en la luz verde que tiene delante esperando a que las otras también cambien? ¡Claro que no! Tiene que avanzar con la luz verde que tiene. Sin embargo, hay muchos que no se mueven ante la luz verde que Dios les dio porque ven obstáculos adelante que no saben cómo enfrentar.

En Josué 3 leemos que los hijos de Israel se encontraron con el obstáculo del río Jordán, imposible de cruzar por la marea alta. Obedeciendo al Señor Josué les dijo a los sacerdotes que tomaran el arca de la alianza y avanzaran, cruzando el Jordán. Les habrá parecido una idea ridícula, pero mira qué pasó entonces:

> Cuando los que llevaban el arca entraron en el Jordán, y los pies de los sacerdotes que llevaban el arca fueron mojados a la orilla del agua … las aguas que venían de arriba se detuvieron como en un montón … y el pueblo pasó en dirección de Jericó.
>
> —Josué 3:15-16

Ahora, si Josué hubiera sido alumno de alguna de nuestras excelentes universidades bíblicas, probablemente habría dado algún consejo más maduro. Habría dicho: "Caballeros, esperaremos aquí hasta que el Señor nos 'abra alguna puerta'". Pero si hubiera sido esa su orden, sus esqueletos habrían terminado pudriéndose en algún lugar a orillas del río Jordán ¡porque el agua no iba a dividirse hasta que se mojaran los pies! Quiero que sepas que a veces solo necesitas ir y mojarte los pies en fe, ¡y ver qué es lo que hará el Señor por ti!

En Mateo 14:22-29 leemos sobre cómo Pedro caminó en el agua. Temprano por la mañana Jesús avanzó caminando sobre el mar turbulento hacia la barca de los discípulos. Cuando lo vieron, ellos pensaron que era un fantasma y gritaron, con miedo. Pero Jesús dijo:

—¡Anímense! Soy yo. No teman.

—Señor, si eres tú —dijo Pedro entonces—, haz que yo pueda ir hacia ti caminando sobre el agua.

—Ven —dijo él.

Nota que Jesús no dijo: "Pedro, ven". Dijo nada más: "ven". ¿Entiendes lo que significa? Cualquiera de los discípulos podría haber respondido a esa palabra y caminado sobre el agua. Muchas veces la gente critica a Pedro porque apartó la mirada de Jesús y se hundió, pero yo lo admiro porque fue el único dispuesto a salir de la barca. ¡Jamás caminarás sobre el agua si no quieres salir de la barca!

Dios no puede bendecir nuestras buenas intenciones ¡sino solo lo que hacemos en realidad!

Es un secreto muy simple y sin embargo en el mundo cristiano no se pone el suficiente énfasis en él. Hay muchos que piensan que actuar demuestra falta de fe. Por el contrario, ¡la fe sin obras es muerta! Dicho de otro modo ¡la fe sin acción está muerta! Toda la planificación, la espera, el anhelo, es tiempo perdido si no vas y actúas. Si quieres aprender a nadar tendrás que ir y tirarte al agua.

Muchas veces estamos demasiado conscientes de nuestros defectos y falencias. La mejor forma de ocuparnos de estos problemas es empezar a hacer algo. El impulso y el movimiento harán que todo en tu vida sea más fácil de manejar. Cuando avanzas descubres lo que reamente requiere de tu atención y tendrás el incentivo de mejorar, de hacer los ajustes necesarios y de medir tu progreso de manera empírica. Descubrirás que muchas de esas cosas que te preocupaban tanto eran tonterías y que en realidad ni siquiera habías tomado en cuenta cuántos problemas reales tenías que enfrentar.

Jack Canfield, exitoso hombre de negocios y autor, escribió sobre este secreto en su éxito de ventas *The Success Principles* [Los principios del éxito]: "La gente exitosa tiene inclinación a la acción. La mayoría de los exitosos que conozco tienen baja tolerancia a la planificación y a la charla excesiva sobre las cosas. Sienten un hormigueo que les impulsa a actuar. Quieren dar el primer paso. Que su juego comience, y ya... Sí hay espacio para la planificación, pero debe quedar en perspectiva. Hay personas que pasan la vida entera esperando el momento perfecto para hacer algo. Pocas veces habrá un momento 'perfecto' para hacer lo que sea. Lo que importa es empezar. Entrar en el juego. Entrar en el campo de juego. Cuando lo haces empiezas a percibir cosas desde afuera que te ayudan a corregir lo que haga falta para poder alcanzar el éxito".[34]

Listos, apunten, disparen

Un día fui con mi padre al círculo de tiro. Iba a salir de cacería y antes de que partiera yo quería ayudarlo a "ajustar la mira" del rifle que le había comprado de regalo. La mirilla que acabábamos de comprar, ya estaba colocada en el rifle. Apuntamos y disparamos sabiendo que lo más probable sería que no diéramos en el blanco. Pero al disparar pudimos ver que hacía falta ajustar mejor la mira. Solo pudimos corregir el ajuste al darnos cuenta de que habíamos fallado. Pienso que en la vida esto pasa siempre. Solemos aprender más de nuestros errores que de nuestros aciertos. A menos que dispares, no errarás el tiro y jamás podrás hacer los ajustes necesarios como para poder dar en el blanco.

Cada vez que empiezo a trabajar en un proyecto nuevo o en una nueva iniciativa nunca veo mi plan inicial como borrador final. Me sumerjo en ello sabiendo que voy a ir aprendiendo mientras avance. Eso significa que no me paraliza el miedo al fracaso sino que espero con ansias aprender lo que no debo hacer. Veo mi plan inicial como si fuera una máquina sin calibrar, con muchos botones y teclas de ajuste, que son las diferentes variables, representadas en ese proyecto en particular. Una vez que he echado a andar la máquina puedo ver qué funciona y qué no. Con diligencia me ocupo de recoger información de diversas fuentes y empiezo a girar los botones y apretar las teclas basándome en lo que aprendí.

Incluso cuando siento que todo funciona bien, sigo mirando el proceso cada tanto, tratando de tomar distancia para poder analizarlo. Si algo va bien intento construir sobre ello y aprovecharlo. Pero si hay algo que no funciona lo ajusto o directamente lo desconecto. Es un proceso dinámico de desarrollo, que no termina nunca. En ese proceso es donde se avanza en verdad. Pero si uno no decide actuar, todos tus planes y estrategias no serán más que teorías sin demostración alguna.

Dicho todo esto quiero ser claro: actuar no es solo cuestión de ensayo y error. En el centro de todo está la fidelidad. Incluso si hay mil cosas que no puedas hacer por un motivo u otro siempre habrá algo que sí puedes hacer. Puede parecerte pequeño, insignificante, pero Dios tiene sus ojos puestos en ti. Está viendo qué harás con las oportunidades que te ha dado y la forma en que respondas determinará si te confía algo más.

Hace un tiempo estaba predicando en una iglesia cuando se acercó un joven. Tenía lágrimas en los ojos cuando me dijo:

—Mi llamado es hacer algo como lo que hace usted. El Señor me ha llamado a predicar el evangelio. Creo que puedo ganar a millones de personas para el Señor. Pero no sé dónde empezar.

Rodeándole el hombro con mi brazo le dije:

—Creo que puedo ayudarte.

—¿De veras? —preguntó.

—Sí, puedo decirte por dónde empezar. Empieza a hablarles a los no salvos de tu familia sobre Jesús y luego, a tus amigos que no son salvos. Luego ve a las calles, a las esquinas y predica el evangelio a los perdidos dondequiera que los encuentres. Cuando Dios vea tu fidelidad, te va dando más.

Otro joven me comunicó su visión un día y me dijo:

—Voy a abrir una casa de oración. Habrá oración, intercesión y adoración las veinticuatro horas del día, siete días a la semana, trescientos sesenta cinco días al año.

—Es una visión maravillosa. ¿Cuándo empezarás? —quise saber.

—Bueno, primero tengo que reunir varias bandas musicales de adoración y unos cientos de intercesores que tengan la misma visión.

Pude ver enseguida que había un problema en su plan.

—¿Puedo darte un consejo? —dije.

El joven mostró gran deseo de oír lo que pudiera decirle.

—¿Por qué no empiezas con una noche a la semana o un día por mes? Empieza por lo que sea que puedas hacer y al mostrarte fiel Dios te dará más.

Por desdicha, al joven no le entusiasmó mucho mi consejo. Decidió que quería hacer las cosas con mayor dramatismo y esperar hasta reunir a todas las bandas e intercesores. Lamento informar que años después todavía no había abierto la casa de oración.

Yo no empecé predicando ante millones de personas. Empecé siendo adolescente, en la calle, predicándole a la gente. Iba de casa en casa en mi barrio y daba testimonio ante mis vecinos. Iba a los parques y predicaba subido a los bancos. Predicaba en los restaurantes, en las puertas de los cines, en las esquinas de la ciudad. En más de una ocasión la policía me sacó de algún lugar en el que estaba predicando el evangelio. Y cuando empecé con el ministerio de evangelización a tiempo completo tenía solamente una invitación a predicar. Pero esa invitación atrajo otra, otra y otra. Hoy tengo más invitaciones de las que podría aceptar. Pero todo sucedió de puerta en puerta, una por una.

Hay un antiguo proverbio chino que dice: "El viaje de mil millas comienza con el primer paso". Tal vez no sepas cómo ir de la A a la Z, pero no hace falta que sepas eso. Todo lo que tienes que saber es cómo ir de la A a la B. Cuando llegues a la B, entonces irás a la C y así, paso a paso, encontrarás que empiezan a abrirse las aguas porque te animaste a mojarte los pies.

TERCERA PARTE

CINCO ENEMIGOS DE LA VOLUNTAD DE DIOS PARA TU VIDA

Capítulo 11

ENEMIGO N° 1. EL BANDIDO DE LA PEREZA

Conocer la voluntad de Dios es una cosa. Hacerla es otra. Descubrir la voluntad de Dios no marcará una diferencia a menos que estemos dispuestos a obedecer y dar el primer paso. Alguien dijo: "Aunque vayas por el camino correcto te atropellarán si solo te quedas sentado allí". Muchas personas que buscaban la voluntad de Dios han sido "atropelladas" por quienes en realidad la estaban cumpliendo.

Para hacer la voluntad de Dios hay que actuar. Hablo de hacer cosas con los pies en la tierra, porque no se trata solo de la inspiración. También hay que transpirar. No es solo la revelación divina sino también el esfuerzo humano. Hay muchos que no son efectivos ni dan fruto, y no porque no estén ungidos, porque no tengan dones o capacitación sino sencillamente porque son perezosos. El escritor de Proverbios 24 dice que pasó por el campo de un perezoso y que vio espinas y malezas que cubrían el suelo y se tragaban las paredes que estaban en ruinas.

> Guardé en mi corazón lo observado, y de lo visto saqué una lección: Un corto sueño, una breve siesta, un pequeño descanso, cruzado de brazos... ¡y te asaltará la pobreza como un bandido, y la escasez, como un hombre armado!
>
> —PROVERBIOS 24:32-34

El campo de este holgazán estaba arruinado, como si hubieran venido bandidos a robarle su cosecha, quitándole la forma de ganarse su vida. Aunque en realidad sus enemigos no eran los ladrones sino su falta de esfuerzo. La pereza es un bandido que te roba tu potencial, es enemiga de lo mejor que Dios tiene para tu vida. El problema es que nadie se cree perezoso. Si yo fuera por la calle y eligiera gente al azar para preguntarles: "¿Eres perezoso?" creo que nueve de cada diez dirían: "¡No!".

Casi todos pensamos que trabajamos duro y, en efecto, constantemente hay gente que me dice que está demasiado ocupada, que no tiene tiempo. Sin embargo, uno puede estar demasiado ocupado y aun así ser perezoso si es que está eludiendo alguna acción crítica y esencial que debe cumplir. Y digo *acción crítica* porque no todas las actividades se crean de la misma manera. En el capítulo anterior hablamos de lo importante que es actuar pero ahora quisiera trazar una distinción entre la acción efectiva y el mero hecho de estar ocupados. La acción crítica es el tipo de actividad que produce resultados reales, que no se enreda con lo que no importa, y que va directo al corazón de lo que es vital. Quiero definir la pereza entonces como el hecho de decidir que eludiremos o negociaremos esa acción de crítica importancia.

La acción evasiva

Un veinte por ciento de las personas se identifican como "postergadores crónicos".[35] Postergan cosas en todas las áreas de sus vidas. No pagan a tiempo sus cuentas. No presentan su declaración jurada de ingresos a tiempo. Esperan hasta la Nochebuena para hacer sus compras de Navidad. Esperan hasta último momento para hacer la tarea de la escuela. Se pierden muchas oportunidades porque siempre postergan toda acción crítica y, de hecho, ese tipo de conducta es tan predecible y confiable que algunas compañías lo aprovechan para ganar dinero, ofreciendo por ejemplo grandes descuentos que, están seguros, jamás se aprovecharán.

Lo asombroso es que estos postergadores no siempre parecen ser perezosos. De hecho, ¡a menudo viven demasiado ocupados! Pero aunque estén ocupados, no actúan en lo de crítica importancia. Y tenemos que reconocer esta diferencia, porque importa. No solo está la diferencia entre el estar ocupados y el actuar en lo crítico e importante. También he notado que muchos están ocupados invirtiendo su tiempo en inventar formas de eludir la acción crítica. Por eso, hasta la misma palabra *postergar* parecería un oxímoron porque hace creer que uno está haciendo algo cuando en realidad, se trata de *acción evasiva.* Aquí verás un poema que te lo describe a la perfección:

> Fui a tomar algo y afilé mis lápices,
> Busqué utensilios olvidados en mi escritorio.
> Puse mi reloj en hora y acomodé mi silla,
> me aflojé la corbata y me peiné.
> Llené el tintero y probé mi papel secante
> y me busqué un vaso de agua,
> acomodé la agenda y levanté las cortinas
> y busqué gomas de borrar, de todo tipo.
> Ahora, finalmente puedo sentarme a trabajar…
> ¡Oh! ¡Qué tarde se ha hecho! ¡Será mañana![36]

Una vez encontré un libro que cambió mi vida aunque, en realidad, jamás lo leí. Ni siquiera lo abrí y no tengo idea de quién lo escribió. Lo único que hizo falta fue ver el título en la cubierta: ¡Hazlo ahora! Yo era el maestro de la acción evasiva. Era buenísimo inventando razones por las que en ese momento no podía hacer lo de importancia crítica. Había miles de razones por las que tenía que seguir planificando, pensando estrategias antes de poder empezar a hacer algo. Pero cuando vi el título de ese libro sucedió algo asombroso. Creo que el Espíritu Santo tiene que haberlo usado para mi convicción porque después, cada vez que sentía la tentación de postergar lo que fuera, empezaba a oír esa frase en mi mente: ¡Hazlo ahora! Marcó en mi vida una diferencia enorme, positiva. Oro porque desde ahora también tú empieces a oír esas palabras en tu mente: ¡Hazlo ahora!

¡También cambiarán tu vida!

La negociación

Postergar implica eludir la acción crítica, pero hay otra forma de evitar esa acción que puede ser incluso más problemática. Digamos que se llama *negociación cómoda.* Esto es difícil de definir porque, como sucede con la acción crítica, significa cosas distintas en diversas situaciones. Tal vez la mejor forma de entender la diferencia sea mediante el contraste.

La acción crítica es la acción más directa y efectiva posible, que pone el éxito de la misión por encima del bienestar personal (la seguridad, la comodidad y la conveniencia). La negociación cómoda es conformarse con la acción menos efectiva, por protegerte a ti mismo. La acción crítica casi siempre implica ponerte las botas, correr riesgos, interactuar con la gente de modo que seas vulnerable.

La acción crítica casi siempre implica pagar un precio y meterte en algo, en cierta forma. La negociación cómoda, por otra parte, siempre tiene que ver más con lo que se dice que con lo que se hace. Nos permite seguir seguros, sentirnos bien con nosotros mismos, y nos mantiene ocupados; pero produce muy pocos resultados reales. Dicho en pocas palabras, la negociación cómoda es la acción que sirve como sustituto de la acción crítica. Es una imitación barata, una alternativa de segunda, el premio consuelo.

Digo que la negociación cómoda es más problemática que la postergación porque al postergar, al menos sabemos que falta algo todavía. Pero con la negociación cómoda tranquilizamos la conciencia y sentimos que hemos cumplido nuestra obligación aunque en realidad solo alcanzamos una fracción de nuestro potencial, o tal vez nada.

Como soy evangelista los ejemplos que me vienen a la mente tienen que ver con ganar almas. Así que, permíteme subirme al cajón de frutas por un momento, para poder hablar como en los parques. En el universo no hay asunto más importante o urgente que la salvación de los perdidos. No por nada las últimas palabras de Jesús en la tierra fueron instrucciones, de llevar el evangelio a los confines del mundo. Esta orden divina se conoce comúnmente como la Gran Comisión, y tal vez en Marcos 16:15 esté su más clara definición: "Vayan por todo el mundo y anuncien las buenas nuevas a toda criatura".

No sorprende que el mandamiento de Jesús fuera tan claro y directo si pensamos en lo que hay en juego. Hay dos acciones muy explícitas y críticas. "Vayan" y "anuncien". Si Jesús solo hubiera dicho: "Asegúrense de hacer un impacto positivo en el mundo", jamás habríamos sabido cómo actuar en realidad. Pero Jesús sabía que la salvación de los perdidos dependía de dos acciones específicas y críticas: ir y anunciar, ir y predicar.

Me enteré de que algunos enseñan que la forma más efectiva para ganar a los perdidos consiste simplemente en llevar una vida de bien, en ser bondadoso con tu prójimo y "dejar que brille tu luz" dondequiera que estés. Si bien son todas cosas buenas, si reemplazan al "ir" y "predicar", no son más que una negociación cómoda. Me asombra la cantidad increíble de cosas ingeniosas que inventa la gente para tratar de llegar a impactar al mundo y la sociedad sin tener que ir y predicar el evangelio. Hay iglesias y ministerios que gastan grandes cantidades de tiempo, dinero y energía todos los años en programas y actividades mediante las que esperan llegar a los perdidos, sin actuar como Jesús dijo.

> La negociación cómoda es la acción que sirve como sustituto de la acción crítica. Es una imitación barata, una alternativa de segunda, el premio consuelo.

Sin embargo, a pesar de los miles de millones de dólares que gastan cada año las iglesias estadounidenses, cada vez tienen menos miembros, y no se produce fruto en abundancia. Incluso en esta era de alta tecnología y modernidad en que vivimos, cuando se trata de la salvación de los perdidos esas acciones críticas siguen siendo las mismas, tanto como lo eran hace dos mil años cuando Jesús las ordenó. Jamás podrán inventarse acciones más efectivas. Las originales, aunque tan simples que parecen tontas, seguirán por siempre liderando en eficiencia y efectividad como modo de ganar al mundo: *¡ir* y *predicar el evangelio!*

El poder de la urgencia

La Biblia está repleta de historias de hombres y mujeres que lograron el éxito por actuar cuando era crítico hacerlo, y también de quienes fracasaron cuando no lo hicieron.

Cuando apareció David en el campo de batalla, donde los israelitas ya no tenían cómo luchar contra los filisteos, vio a Goliat que desafiaba a los ejércitos de Israel y profería insultos contra su Dios (1 Samuel 17). Supo de inmediato qué era lo que tenía que hacer. Podría haber decidido recoger firmas o liderar una marcha de protesta. Podría haber pedido que el gobierno emitiera una declaración formal, denunciando a Goliat por discriminar a los israelitas por motivos religiosos. Y hasta podría haber organizado una reunión de oración en que pidieran a Dios que eliminara a Goliat.

Pero como David, el pastor de ovejas, había enfrentado a un león y a un oso, sabía que cuando es crítico actuar, la acción es lo que más vale. No tenía tiempo de ir a casa y ejercitarse para preparar sus músculos para la acción heroica. Tampoco se fue a practicar tiro al blanco con su honda. Simplemente actuó, cuando era urgente hacerlo de inmediato y con decisión. Mientras todos los demás israelitas estaban en el campo de batalla, postergando la acción o buscando una salida fácil, David tenía una única misión: decapitar al gigante. Lo hizo, quebrando así las barreras y echando luz en la confusión, y ganaron la batalla ese mismo día.

Pero por otra parte, Saúl siempre buscaba la negociación cómoda. Dios le dijo: "Ve, destruye a los pecadores de Amalec, y hazles guerra hasta que los acabes" (1 Samuel 15:18). Y Saúl casi obedece. Conquistó y destruyó la ciudad de los amalecitas pero le pareció que la matanza completa era extrema, innecesaria. Seguramente podía lograr idénticos resultados con menos brutalidad y por eso decidió perdonarle la vida a Agag, rey de los amalecitas y a muchos de su pueblo junto con sus ovejas y bueyes, lo que Saúl conservó como botín de guerra. Saúl no tomó conciencia de que lo que Dios le había mandado hacer no era solo una sugerencia sino la acción crítica y necesaria para preservar y asegurar el reino. Como no quiso hacer lo que debía confirmó ser irresponsable y desobediente. Dios entonces decidió quitarle a Saúl el reino y dárselo a otro: a David.

Recordemos que estamos hablando del bandido de la pereza y más que definir la pereza como no hacer nada (porque según esa definición ninguno de nosotros cree ser perezoso), la defino como la acción de eludir o negociar la acción crítica (y todos somos culpables de ello). La clave entonces está en actuar cuando es crítico hacerlo. Aunque no siempre es claro en cada situación cuál será la acción crítica. Para poder ver con claridad cuál es, tenemos que preguntarnos lo siguiente: *¿Hay una forma más directa y efectiva de hacer esto?* Si la respuesta es "sí", entonces nos preguntaremos: *¿Por qué estoy eludiendo esa forma más efectiva?* Si tras analizarnos con sinceridad vemos que simplemente elegimos el camino del menor esfuerzo, el placer por sobre el dolor, o lo que nos conviene más en lo personal ¡llegaremos a la conclusión de que preferimos la cómoda negociación! En otras palabras, ¡somos perezosos!

¿Cómo podremos identificar la acción de crítica importancia? Como hay tantas situaciones distintas, quiero presentar un principio muy amplio: la acción directa está inspirada por la urgencia. Nuestra percepción de lo urgente no solo nos impulsa a actuar, sino que también determina qué es lo que hay que hacer. Por ejemplo, si vieras a alguien que está a punto de caer desde un acantilado seguramente no te sentarías a enviarle un mensaje de correo electrónico acerca de su precaria situación. Más bien, le gritarías, o correrías hasta donde está, lo tomarías del brazo, o harías cosas parecidas.

> Dios no honra la pereza, esta siempre nos impide cumplir nuestro propósito.

Si la urgencia te impulsa e indica cuál es la acción directa a tomar y esta es lo opuesto a la pereza, concluimos entonces que el antídoto contra la pereza es la urgencia. Hay que ver la importancia de lo que estamos haciendo. Hay que ver que hay mucho en juego. Hay que recordar que los ojos de Dios están sobre nosotros. Hay que despertar, sacudirse el polvo y moverse.

Una vez un pastor me dijo que no lograba que viniera gente nueva de visita a su iglesia. Yo estaba convencido de que el problema estaba en la falta de urgencia y acción, por lo que le pregunté: "¿Y si le dijera que por cada persona nueva que logra atraer el próximo domingo a su iglesia yo le daría un millón de dólares? ¿Piensa que lograría encontrar la forma entonces?". Me miró, y sonrió: "Sí, por un millón de dólares estoy seguro de que encontraría cómo hacerlo", respondió. Si puede lograrse algo por un millón de dólares, entonces se puede. ¡No hay más que decir! Si algo se puede hacer y hace falta hacerlo, pero no se hace, entonces el responsable de hacerlo no está cumpliendo con su responsabilidad. Más allá de si esta negligencia resulta de la acción evasiva o la negociación cómoda, lo que tenemos es pereza.

La pereza es el ladrón que te roba lo mejor que Dios tiene para tu vida. Dios no honrará la pereza. Esta siempre te impedirá cumplir tu propósito. Quiero que en este momento lo medites, para que entre en lo profundo de tu corazón. El talento no es sustituto de la acción. La inteligencia no puede reemplazar a la acción. La unción, la oración y el ayuno no pueden reemplazar a la acción. Ni siquiera las palabras proféticas pueden reemplazar a la acción. Para cumplir la voluntad de Dios en nuestras vidas tenemos que dejar de lado la negociación, la postergación y la pereza. Siempre hará falta la acción de crítica importancia y eso significa que tendremos que ser diligentes, disciplinados, arriesgar y ¡esforzarnos a la antigua!

Capítulo 12

ENEMIGO N° 2. EL CEMENTERIO DEL MIEDO

En Mateo 25 Jesús contó una parábola sobre un hombre que salió de viaje a un lugar lejano. Antes de partir les confió a tres sirvientes unos "talentos" o dinero. En vez de dejar el dinero en una caja de seguridad o bóveda, el amo decidió repartirlo entre los tres sirvientes para que pudieran invertirlo y así crecería su fortuna mientras él no estaba allí. Al primero de los sirvientes el amo le dio cinco talentos. Al segundo le dio dos y al tercero, uno.

Los dos primeros sirvientes invirtieron el dinero sabiamente, duplicando su valor. Pero al tercer sirviente le preocupaba la posibilidad de perder su talento y por ello lo enterró. Cuando volvió el amo llegó el momento de rendir cuentas. El hombre se sintió muy satisfecho con los dos primeros sirvientes, pero con el tercero que había enterrado el único talento, se enojó mucho. Lo llamó mal siervo, holgazán. Le quitó el único talento que se le había dado y lo echó "en las tinieblas de afuera; allí será el lloro y el crujir de dientes" (Mateo 25:30).

> El coraje *no* es ausencia de miedo porque no hay coraje si no hay miedo. El coraje más bien es estar dispuesto a enfrentar el miedo.

Observa la razón por la que el siervo enterró su talento. Él dijo: "Así que tuve miedo, y fui y escondí su dinero en la tierra" (Mateo 25:25). Enterró su talento en la tierra porque tuvo miedo.

El miedo hace que la gente entierre sus talentos en la tierra. Y no hablo de la tierra del jardín de la casa. Génesis 2:7 dice que Dios formó al hombre del polvo de la tierra, así que ¡*nosotros* somos la tierra! Hay gente que entierra su talento en lo más profundo de sí porque tienen miedo: miedo al fracaso, miedo a que se burlen de ellos, miedo al trabajo duro, miedo a lo desconocido, espíritus de miedo, miedo al hombre, entre muchos otros.

Creo que uno de los lugares más trágicos que podamos visitar es el cementerio. Y no es por la gente que está enterrada allí sino por lo que está enterrado dentro de las personas que están sepultadas ahí: libros y canciones que jamás se escribieron, inventos que no llegaron a ver la luz, tanto potencial que jamás llegó a concretarse. Se ha enterrado y perdido tanto para toda la eternidad solo porque alguien tuvo miedo de sufrir, miedo a la crítica, al rechazo, miedo a las dificultades económicas o al peligro físico.

El evangelista Leonard Ravenhill dijo que el autor y predicador A. W. Tozer le contó una vez: "No me preocupa cómo juzguen mi vida como cristiano. Lo que me preocupa son las cosas que podría haber hecho y no hice".[37] Amigos míos, un día estaremos todos ante el Maestro y rendiremos cuentas por todo lo que nos confió. Ese es el día al que hemos de temer por sobre todas las cosas, el día por el que tenemos que estar dispuestos a arriesgarlo todo para que —precisamente ese día— no quedemos avergonzados.

Nota que a ese siervo el amo lo echó a la oscuridad, donde hay llanto y rechinar de dientes. Los académicos no se ponen de acuerdo sobre si este versículo está haciendo referencia al infierno o no. Pero hay algo que sí queda en claro (y pienso que es lo que más importa): se trata del profundo lamento, de la pena y el remordimiento por algo que se ha perdido para siempre y que no puede recuperarse, no puede deshacerse. Muchos hablan sobre las emociones que sentirán cuando lleguen al cielo. Hay canciones muy conocidas que dicen que bailaremos y nos sobrecogerá el gran gozo pero hay muchos que cuando lleguen al cielo sentirán algo muy distinto: remordimiento, lamento por algo. En ese momento todos esos miedos terrenales parecerán distantes, impotentes, tan solo un borroso recuerdo como si fuera un sueño que no logras recordar muy bien. Pero el impacto de esos temores será algo que se siente toda la eternidad. Ya será demasiado tarde como para volver atrás y hacer lo que se debía haber hecho, y habrá muchos que sentirán oleadas de remordimiento y lamento, oleadas que no terminan jamás. No sorprende entonces que Apocalipsis 21:4 diga que Jesús tendrá que enjugar sus lágrimas.

Talentos enterrados

Escanea el código QR

o visita
Livebeforeyoudiebook.com/4

Cuando yo era adolescente fui en un viaje misionero a Inglaterra y me hospedé en una casa de familia. Era un matrimonio inglés muy agradable. Jamás olvidaré una lámina que tenían colgada en la pared donde aparecían los resultados de una encuesta realizada entre personas de diez grupos distintos. Estaba el grupo de los que tenían diez años, el de los de veinte años, de treinta, y así con cada década hasta llegar a cien. A todos les habían preguntado lo mismo: "En este momento de tu vida, ¿qué es lo que más lamentas?". Todas las respuestas eran interesantes. Algunas eran graciosas. Pero la única que recuerdo era de los que tenían cien años de edad. Por alguna razón quedó grabada en mi memoria y ya no pude olvidarla. Tras una vida tan larga decían que lo que más lamentaban era que "debían haber corrido más riesgos". Fue entonces, siendo tan joven, que decidí que cuando yo llegara al final de mi vida no quería reflexionar en el pasado y ver que en realidad nunca había vivido de veras porque tenía demasiados miedos.

A muchos el miedo les parece una legítima razón para no hacer algo. Pero quiero que veas que el amo de la parábola de Jesús no se mostró comprensivo con el siervo que enterró su talento. Y cuando el siervo dijo: "Tuve miedo", el amo no le rodeó los hombros con el brazo para decirle: "Bueno, tranquilo, todo está bien, pobrecito. Lamento haberte puesto en una situación tan incómoda". No. El amo le reprendió severamente enojado y le dijo: "¡Siervo holgazán!".

¿Por qué acusó el amo a ese siervo de holgazán? Porque en lugar de enfrentar sus miedos y correr el riesgo en beneficio de su amo había decidido optar por la salida más fácil: enterrar el talento, quedarse en casa y relajarse. Si piensas que el miedo es buena excusa para no hacer la voluntad de Dios mejor será que lo pienses de nuevo. Si quieres saber cómo vencer tus miedos, solo hay una forma: ¡enfréntalos! Casi todo el tiempo el miedo es como un espejismo: mientras te acercas, se hace más y más transparente hasta que desaparece por completo. Claro que para enfrentar tus miedos necesitarás valentía.

Nuestro talento no nos pertenece. Le pertenece al amo y señor que nos lo ha confiado. Pero él volverá y tendremos que rendirle cuentas de lo que hicimos con su inversión.

Después de que murió Moisés el nuevo líder fue Josué, su protegido. Dios prometió estar con Josué tal como lo había hecho con Moisés. Dios le prometió a Josué cada uno de los lugares que pisaran las plantas de sus pies. Le prometió prosperarlo dondequiera que fuese. Pero había un requisito: "Solamente esfuérzate y sé muy valiente" (Josué 1:7, RVR60). Imagina que estás por embarcarte en el desafío más grande de tu vida. No tienes idea de qué es lo que te espera y entonces viene el Señor y te dice: "Sé muy valiente". ¡Yo me asustaría! ¿Por qué? Porque el coraje es lo único que hace falta cuando hay peligro. El coraje *no* es ausencia de miedo porque no hay coraje si no hay miedo. El coraje más bien es estar dispuesto a enfrentar el miedo. Todas las promesas, victorias y el destino que le esperaban a Josué dependían de que estuviese dispuesto a enfrentar su miedo.

Si cumplir la voluntad de Dios para nuestras vidas solo fuera cuestión de promocionar nuestro nombre, nuestra reputación o nuestro destino, te diría: "Ni te molestes. Quédate en casa mirando televisión y disfruta de una vida cómoda y tranquila". Pero ¡tenemos que recordar que lo que está en juego es el eterno reino de Dios! Nuestro talento no nos pertenece. Le pertenece al amo y señor que nos lo ha confiado. Pero él volverá, y tendremos que rendirle cuentas de lo que hayamos hecho con su inversión.

Capítulo 13

ENEMIGO Nº 3. EL VENENO DE LA INCREDULIDAD

Tal como lo dijimos antes, una de las características de la voluntad de Dios es que ¡Dios nos llama a hacer lo imposible! Pero para enfrentar lo imposible hace falta fe. Satanás sabe que si logra inyectar incredulidad en nuestros espíritus podrá robarnos lo mejor que Dios tiene para nuestras vidas. Por esa razón la incredulidad es un enemigo mortal del plan de Dios para ti.

Satanás sabe que si logra inyectar incredulidad en nuestros espíritus podrá robarnos lo mejor que Dios tiene para nuestras vidas. Por esa razón la incredulidad es un enemigo mortal del plan de Dios para ti.

Pienso que muchas personas cristianas no se dan cuenta de lo siniestra y peligrosa que es la incredulidad. Muchos cristianos piadosos y justos desprecian a otros cuyos pecados son más visibles, y se sienten por encima de ellos, en una tarima de religiosidad. Los critican sin ver que la incredulidad que albergan en sus corazones y que a veces ensalzan en sus doctrinas, es algo mucho peor a los ojos de Dios que aquellos pecados que están criticando y condenando. Jesús reprendió a sus discípulos por ser incrédulos, mucho más que por cualquier otra cosa.

La razón por la cual la incredulidad es tan peligrosa no es solo porque sea en sí misma un pecado sino porque puede ser un portal abierto a otros pecados también.

Hay muchos libros maravillosos y muchos sermones potentes sobre la fe. De hecho, la fe es la moneda del reino de Dios y sin fe es imposible agradar a Dios (Hebreos 11:6). Pero pienso que muchas personas no llegan a entender lo más básico de la fe. Oran, y buscan más y más fe. Pero, ¿qué pasaría si te digo que ya tienes mucha fe? El problema no está en que tienes poca fe, sino en algo más. ¿Y si te digo que la fe que tienes ya basta como para mover montañas? Para muchos es algo difícil de aceptar, pero es muy bíblico.

En Marcos 9:24 un hombre le dijo a Jesús: "Creo; ayuda [a que venza] mi incredulidad". Fíjate que no le pidió más fe a Jesús. De hecho, dijo: "Creo". El hombre reconocía que el problema no estaba en que tenía *poca* fe, sino en que le *sobraba* incredulidad. Es posible que no llegues a ver la distinción que trazo aquí. Porque para algunos, la incredulidad es sencillamente "no tener fe". Sin embargo es posible ser un creyente incrédulo. Es decir que la fe y la incredulidad pueden estar presentes al mismo tiempo. La fe tiene el potencial de mover montañas pero la incredulidad anulará el poder de la fe. Quiero explicártelo.

Cuando mi esposa todavía estudiaba en la universidad bíblica su padre le compró un regalo muy especial: ¡un auto! Era un Volkswagen Jetta flamante, plateado y diesel. Un auto maravilloso que nos prestó sus servicios durante muchísimo tiempo. Un día mi esposa le prestó el auto a un amigo y cuando el muchacho regresaba para devolvérnoslo, por cortesía decidió volver a llenar el tanque. Se detuvo en una estación de servicio, pasó su tarjeta de crédito, abrió la tapa del tanque y empezó a llenarlo ¡con gasolina! Jamás sabré cómo fue que no reparó en la etiqueta roja de advertencia que decía "USE DIESEL SOLAMENTE". Lo que pasó es que su pequeño error nos costó mucho y estropeó el vehículo.

Al llenarlo de gasolina el auto ya no funcionaba. Y no era porque no tenía suficiente diesel. El problema fue por inyectarle una sustancia que era incompatible con el diseño del auto. Es, precisamente, la forma exacta en que funciona la incredulidad. El diablo quiere inyectar incredulidad en nuestros espíritus porque sabe que nos paralizará.

En Mateo 17:20 Jesús dijo: "Que si tuviereis fe como un grano de mostaza, diréis a este monte: Pásate de aquí allá, y se pasará; y nada os será imposible". La semilla de mostaza es la más pequeña de todas. Algunos pensarán que si la fe del tamaño de una semilla de mostaza puede mover montañas, entonces ellos no tienen nada de fe porque hasta este momento no han podido mover siquiera un dedal. Pero Romanos 12:3 dice que Dios nos ha dado a todos una medida de fe.

Es cierto que algunas personas tienen una medida de fe más grande que otras. Algunos tienen fe del tamaño de una semilla de manzana. Otras, del tamaño de un carozo de durazno. Y hay otras que tienen la medida más pequeña, del tamaño de una semilla de mostaza. Aun cuando en realidad no importa mucho porque ¡aunque tengas fe del tamaño de una semilla de mostaza, eso te basta para mover montañas! Así que algunos preguntarán: "¿Cuál es el problema? ¿Por qué no veo que las montañas de mi vida se corran para abrirme paso?".

> La fe tiene el potencial de mover montañas pero la incredulidad anulará el poder de la fe.

Pensemos en el contexto del versículo de cuando Jesús habló de la fe que mueve montañas. La historia está en Mateo 17:14-21. Un hombre cuyo hijo estaba poseído por demonios había pedido ayuda a los discípulos de Jesús pero como ellos no pudieron echar a los espíritus malignos le preguntaron a Jesús por qué no habían podido hacerlo y él les dijo: "Por vuestra poca fe" (v. 20). Es una explicación muy clara y precisa, que Jesús reiteró cuando siguió hablando: "Porque de cierto os digo, que si tuviereis fe como un grano de mostaza, diréis a este monte: Pásate de aquí allá, y se pasará; y nada os será imposible" (v. 20). Hasta ahora todo se ve bastante claro y directo. Pero la simpleza y la claridad de esta afirmación suele empañarse de confusión con lo siguiente que dijo Jesús: "Pero este género no sale sino con oración y ayuno" (v. 21).

Casi parece que en esto Jesús se contradijo a sí mismo. Cuando los discípulos le preguntaron por qué no habían podido exorcizar al demonio él les dijo que era por su incredulidad. Pero ahora parece estar diciendo que era porque no habían ayunado y orado lo suficiente. ¿Cuál de las dos cosas será, entonces? La confusión surge cuando no logramos ver la moraleja de esto. A primera vista pareciera que el demonio es el punto central del relato pero con una mirada más detenida y de cerca veremos que el antagonista verdadero de la historia no es el demonio sino el espíritu de incredulidad. A los discípulos les preocupaba el demonio que estaba dentro del chico pero a Jesús le preocupaba la incredulidad que había en sus discípulos. Ellos preguntaban sobre echar fuera a los demonios, pero la respuesta de Jesús fue en cuanto a echar fuera la duda. Jesús sabía que, una vez echada fuera la incredulidad, exorcizar demonios sería tan fácil como sumar uno más uno.

A veces tenemos que orar mucho tiempo y ayunar muchos días antes de alcanzar la victoria, pero eso no es porque con nuestros ruegos obliguemos a Dios a hacer algo. Y no es porque finalmente nos ganemos la respuesta al sumar suficientes horas de crédito en nuestra cuenta de banco espiritual.

El mucho orar y ayunar puede ser necesario y útil para ayudarnos a obtener la victoria sobre nuestra propia naturaleza humana y obstinada, y echar fuera así el espíritu de incredulidad que está bloqueando el poder de Dios, que no puede fluir a través de nosotros. Es este tipo de *incredulidad* lo que requiere de "ayuno y oración". También vale la pena mencionar que algunos manuscritos no contienen la afirmación sobre la oración y el ayuno, y por eso hay muchas traducciones de la Biblia que no lo incluyen. No importa desde dónde lo mires, la fe es la clave a la oración poderosa. Esto es lo que Jesús enseñó en esta historia.

En Mateo 9.25, cuando murió la hija de Jairo, Jesús tuvo que hacer salir a todos de la habitación antes de resucitarla. ¿Por qué no permitió que todos esos escépticos que le despreciaban viesen el milagro con sus propios ojos? Porque tenía que echar fuera a la incredulidad. Pedro hizo lo mismo en Hechos 9:40: "Entonces, sacando a todos, Pedro se puso de rodillas y oró; y volviéndose al cuerpo, dijo: Tabita, levántate. Y ella abrió los ojos, y al ver a Pedro, se incorporó". Jesús les enseñó una lección a sus discípulos: Echen fuera el espíritu de la incredulidad y no habrá nada que pueda contra ustedes. Los demonios, la muerte e incluso las montañas más formidables les obedecerán.

Los inversores suelen "diversificar" sus inversiones porque si un emprendimiento no funciona al menos tienen algo por otro lado. Por eso en el mundo de los negocios suele decirse: "No pongas todos los huevos en la misma canasta". Es decir, no pongas todos tus recursos en una sola inversión porque si se rompe una de tus "canastas" y se caen todos los "huevos", lo perderás todo. Verás, si te guardas algunos de tus "huevos" es porque no tienes 100% de confianza en que la canasta los contendrá.

Puede que tengas un 50 por ciento de confianza o incluso 99. Pero ese pequeño porcentaje de aprehensión es lo que llamo "incredulidad". Así que, ¿cuándo saber en qué momento te has librado de toda la incredulidad? Cuando pones todos tus huevos en la canasta de Dios.

En los inicios del ministerio llegué a una encrucijada en que tenía que decidir qué camino tomaría. En esencia, tenía que escoger entre una situación que me ofrecía seguridad económica o seguir el llamado de Dios con todos sus riesgos y cosas desconocidas. Mi convicción interna era que tenía que entregarme de lleno o a una cosa o a la otra, pero no quería soltar ninguna de las opciones. En oración, decía: "Señor, no quiero ser tonto y poner todos mis huevos en una sola canasta". Pero oír que el Señor hablaba y decía: "Puedes confiar en mi canasta". Y he visto que así es. La canasta de Dios es la mejor. Es plenamente confiable y jamás se rompe.

Cuando Hernán Cortés, el famoso explorador español, llegó al puerto de Veracruz en México en 1519, se enfrentaba a probabilidades adversas. Ante él estaba el gran Imperio Azteca con sus poderosos ejércitos. Cortés solo tenía unos seiscientos hombres. Estaba lejos de su país, en tierras extrañas. Todas las probabilidades estaban en contra de ese hombre. Cortés sabía que sus hombres iban a tener siempre un pie en los barcos, porque anhelaban volver a sus hogares. Sabía que en lo más profundo siempre considerarían la alternativa, muy atractiva, de retroceder. Sabía que si esos hombres no estaban en todo con él, la misión fracasaría sin duda alguna.

Así que Cortés hizo algo impensable. Ordenó prenderles fuego a los once barcos de su flota. Cuando los hombres vieron desde la orilla que las llamas devoraban su única vía de escape, ese momento fue definitorio. Ya no había posibilidad de volver atrás. O conquistaban, o morían. Su compromiso estaba consumado, no tenía tonos grises. Pero dio rienda suelta a un potencial increíble que les dio fuerzas para alcanzar el éxito allí donde todos los demás que les habían precedido no habían podido vencer.

Santiago 1:8 dice: "El hombre de doble ánimo es inconstante en todos sus caminos". Jamás alcanzarás el éxito en nada de lo que hagas si tienes un pie dentro y el otro fuera. Si Dios te ha llamado no hace falta que tengas "un plan de contingencia". No necesitas resguardar tus apuestas. No hace falta que te guardes algunos huevos "por si acaso". Echa fuera la incredulidad, pon todos tus huevos en la canasta de Dios, quema tus barcos y entrégate a Dios y a su plan, en cuerpo, alma y espíritu.

Cuando tu compromiso sea total, ciento por ciento, y no haya posibilidad de regresar, entrarás en un nivel de efectividad y poder que nunca antes habías conocido. Tendrás éxito donde otros fracasaron. Vencerás y lo harás justo en las narices de las probabilidades más adversas. Se moverán las montañas, nada te será imposible.

Capítulo 14

ENEMIGO N° 4. EL SEDANTE DE LAS EXCUSAS

Jesús dijo: "Buscad, y hallaréis" (Mateo 7:7, RVR60), y esto es algo especialmente cierto cuando se trata de buscar excusas. Si buscas una excusa siempre podrás hallarla. Hay gente que es demasiado joven. Otros son demasiado viejos. Otros no tienen inteligencia suficiente. O experiencia suficiente. O los privilegios suficientes. O el dinero suficiente. O la capacidad suficiente. Para algunos no ha llegado el momento y para otros ya es demasiado tarde. Las excusas son fáciles de hallar, no cuestan ni un centavo, las hay en abundancia ¡y Dios no las compra!

Somos extremadamente creativos cuando se trata de presentar alguna excusa. Muchas veces tenemos unas que suenan muy nobles y hasta espirituales. Usamos excusas para engañar a otros pero lo que realmente logran las excusas con gran efectividad es engañarnos a nosotros mismos. Las usamos como sedante para calmar nuestra conciencia y para hacernos sentir mejor sobre nuestra propia desobediencia y pereza.

Amigos, Dios tiene planes maravillosos para nuestras vidas, y nos invita a participar de ellos. Pero las excusas son un enemigo peligroso que puede impedirte tomar posesión de lo que Dios tiene para ti. He visto excusas que han impedido que gente maravillosa alcanzara el potencial que Dios les da. Es una gran tragedia porque la vida es tan corta y el tiempo perdido no se recupera jamás.

Este libro tiene como propósito ayudarte a descubrir la voluntad de Dios para tu vida, pero el descubrimiento de esa voluntad jamás bastará en sí mismo. ¡Porque conocer la voluntad de Dios y cumplirla son dos cosas completamente diferentes! La realidad es que hay muchas personas que ya saben a qué las ha llamado Dios. E incluso si no se dan cuenta o no quieren admitirlo, Dios ya les ha revelado su voluntad, de una forma u otra. Pero jamás llegan a lograr todo lo que Dios les dio por hacer. Y jamás logran entrar en la plenitud de las bendiciones que Dios tiene preparadas para ellos porque se consuelan en la desobediencia y la pereza, usando excusas.

Aunque existen demasiadas excusas como para mencionarlas a todas querría tratar unas pocas, de las más comunes. Al leer la lista de excusas, te desafío a que permitas que sirva como prueba de diagnóstico. Examina tu corazón para ver si estás permitiendo que estas excusas, u otras parecidas, te impidan caminar en la plenitud de lo que Dios tiene para ti.

...pero estoy esperando al Señor

Esta es una de esas excusas que parecen muy espirituales. Por favor, no me malentiendas. No estoy diciendo que nunca hay una razón legítima para esperar al Señor. Pero recuerda que usamos las excusas para acallar nuestra conciencia, y cuanto más sinceras luzcan, mejor. Sí, puede haber una ocasión legítima para esperar al Señor pero a veces puede ser —y suele ser así— nada más que una excusa para no hacer lo que ya sabemos que tenemos que hacer.

En Éxodo 14 los hijos de Israel habían salido de Egipto poco antes, y miraban hacia la Tierra Prometida. Pero entre la tierra de su cautiverio y la de su destino había un obstáculo que parecía insalvable: el Mar Rojo. Sin forma de cruzar este mar, volvieron la mirada Egipto y vieron una nube de polvo causada por los cascos de mil caballos. Y esa nube se acercaba a ellos, muy rápido. Los ejércitos del faraón venían para borrarlos de la faz de la tierra. Como podrías imaginar, los hijos de Israel entraron en pánico. Acudieron a Moisés, su sabio líder, pidiendo consejo. Y lo que él les dijo fue lo siguiente:

> Y Moisés dijo al pueblo: No temáis; estad firmes, y ved la salvación que Jehová hará hoy con vosotros; porque los egipcios que hoy habéis visto, nunca más para siempre los veréis. Jehová peleará

por vosotros, y vosotros estaréis tranquilos. Entonces Jehová dijo a Moisés: ¿Por qué clamas a mí? Di a los hijos de Israel que marchen.

—Éxodo 14:13-15

"Estén firmes y vean la salvación del Señor", dijo Moisés. ¿Alguna vez oíste un sermón que diga que hay que estarse quietos y firmes? Sé que yo sí. Y de hecho, yo mismo he predicado sobre el tema. Pero un día oír hablar sobre este pasaje al evangelista Reinhard Bonnke, y lo que afirmó cambió mi punto de vista para siempre. Dijo: "Con el Mar Rojo a un lado y el ejército del faraón al otro Moisés le dijo al pueblo: "No teman. Estén firmes y vean la salvación del Señor" (v. 13). Pero Dios no estaba contento con eso, y dio una *contraorden:* "Di a los hijos de Israel *que marchen*" (v. 15). Cuando oigas "quédate quieto allí" será el reverendo Moisés quien te hable. Pero cuando oigas "marcha", será Dios quien te lo dice.

> La realidad es que hay muchas personas que ya saben a qué las ha llamado Dios... y jamás logran entrar en la plenitud de las bendiciones que él tiene preparadas para ellos porque se consuelan con la desobediencia y la pereza, usando excusas.

La palabra del Señor es: "¡Marchen!". Empieza a moverte en la dirección en que Dios te está guiando.

¡Ni siquiera Dios podrá conducir un auto aparcado! Empieza a avanzar confiando en Dios y encontrarás que él empieza a guiar tus pasos y dirigir tus caminos.

...pero no quiero adelantarme a Dios

Esta es otra de las excusas que lucen muy espirituales, pero la verdad es que creer que puedes adelantarte a Dios me parece algo bastante tonto. ¿Puedes imaginarte a Dios en los cielos, resoplando mientras se apoya sobre el hombro de Gabriel, diciendo: "Oye, ojalá este tipo fuera más despacio, va tan rápido que no puedo seguirle el paso"? Lo más probable es que Dios haya estado esperando que tú te pongas al día, no lo contrario.

Cualquiera de estas cosas podría calificar como caución, pero en lugar de pensar en todas las ocasiones en que podría considerarse legítima, pregúntate: "¿Estoy usando esto como excusa en mi vida?". Y si de hecho hallas que lo es, por espiritual que parezca, ¡tendrás que dejarla y empezar a moverte en el nombre de Jesús!

...pero no me alcanza el dinero

Las necesidades económicas se cuentan entre las barreras más prácticas entre lo que nos impide concretar nuestros sueños. Muchas veces el tema del dinero se resume en un problema de fe. Inventamos excusas porque no estamos del todo convencidos de que Dios proveerá lo que necesitemos. Las siguientes oraciones cambiarán tu vida e incluso tu destino si permites que te lleguen a lo más hondo del corazón.

Dios no es pobre, Él no necesita nada. Cuando Dios ordena algo siempre paga por ello, jamás espera que nosotros financiemos su voluntad con nuestro bolsillo. Cuando Dios quiere algo jamás pregunta: "¿Cuánto cuesta?", porque el costo no es problema para él. La única cosa que gobierna lo que Dios puede hacer o no en nuestras vidas es nuestra disposición a creerle, a confiar en él y obedecerle. Jamás decidas lo que es o no voluntad de Dios en tu vida verificando cuánto dinero hay en tu bolsillo. ¡Mira los bolsillos de Dios! ¡Están llenos, y de sobra!

Sé que no todo el que lea este libro estará llamado al ministerio "de tiempo completo" pero permíteme que por un momento les hable a los que sí lo están porque para ellos quizá el tema del dinero sea uno de los más grandes desafíos, algo que les confunda mucho. Hoy el ministerio se ve muchas veces como profesión. Con frecuencia se nos recuerda que "el obrero es digno de su salario" (Lucas 10:7) y que no tenemos que ponerle bozal al buey cuando está trabajando (Deuteronomio 25:4). Cuando predico sobre el llamado de Dios al ministerio lo primero que piensa la mayoría es en un puesto con salario y de inmediato se preguntan qué tipo de apoyo económico podrían hallar. Parece que mucha gente piensa automáticamente que "ministerio" es "un empleo de tiempo completo" y me pregunto a veces cuánto interés habría en el ministerio si no hubiese posibilidad de obtener compensación monetaria.

Cuando Dios envió a Malaquías a Jerusalén, poco después de que se terminara de reconstruir el templo, al profeta le dejó atónito la apatía del pueblo y en especial la de "los clérigos". Observó que a los sacerdotes les motivaba lo que podían obtener por su servicio, más que el sincero amor por Dios y el deseo de edificar su reino. Eran mercenarios, asalariados que trabajaban por su paga. Dios se preguntaba si habría allí alguien que encendiera las luces del altar, o siquiera que cerrara las puertas, si no hubiera promesa de compensación económica (Malaquías 1:10). No tengo problema con los ministros que viven de su trabajo en el ministerio. De hecho, soy uno de ellos. Pero la remuneración económica no puede ser el incentivo o el prerrequisito para el ministerio, porque eso es un verdadero problema.

Empecé a predicar cuando tenía catorce años y desde entonces siempre trabajé en "el ministerio" en diferentes actividades. Casi todo el tiempo que he dedicado al ministerio ha sido como voluntario, y hasta me costó dinero. He tenido que tomar empleos seculares para mantener a mi familia. Y como pastor principal no acepté salario alguno y jamás me sentí con derecho a nada.

Si no recibiera dinero por mi trabajo en el ministerio, seguiría haciéndolo hoy y durante el resto de mi vida. ¿Por qué? Porque amo a Jesús y porque esto es a lo que él me llamó. No puedo imaginarme no siendo ministro. El ministerio no es mi empleo. Es mi vida. Soy ministro. No se trata tan solo de lo que hago, sino de lo que soy. Me asombra a veces pensar que hoy puedo vivir de algo que amo tanto.

Jesús les dijo a sus discípulos: "Mi comida es que haga la voluntad del que me envió" (Juan 4:34, RVR60). Es compensación suficiente. Remuneración suficiente. Y luego pronunció esta exhortación: "Trabajen, pero no por la comida que es perecedera, sino por la que permanece para vida eterna" (Juan 6:27, NVI). Como ministros no trabajamos por el dinero o por la comida. Trabajamos por Jesús. El dinero viene después. Buscamos primero el reino de Dios y lo demás viene por añadidura.

Hay muchas personas que esperan hasta "poder darse el lujo" de hacer eso que Dios les ha llamado a hacer. Se han convencido a sí mismos de que es suya la responsabilidad de financiar la voluntad de Dios para sus vidas. Están equivocados. Es responsabilidad de Dios, y él quiere ocuparse de eso. Mientras tanto, haz aquello que él te ha llamado a hacer, de la forma que puedas hacerlo, y deja de usar el dinero como excusa.

...pero no tengo lo que hace falta (talento, experiencia, educación, inteligencia, etc.)

Cada vez que oigo que alguien usa estas excusas recuerdo la historia de cuando Dios llamó a Moisés en Éxodo 3. El Señor se le apareció a Moisés en una llama de fuego en medio de una zarza ardiente y le dijo: "Ven, por tanto, ahora, y te enviaré a Faraón, para que saques de Egipto a mi pueblo, los hijos de Israel" (v. 10). De inmediato a Moisés le vinieron a la mente un montón de excusas, cantidad de cosas que no tenía, cosas que no podía hacer.

Moisés no era general. Era pastor de ovejas. No era buen orador, porque tartamudeaba. No estaba capacitado para liderar a una nación, estaba ocupado guiando a un rebaño de ovejas. ¿Cómo iba a poder hacer lo que Dios le pedía que hiciera? "¿Quién soy yo para que vaya a Faraón, y saque de Egipto a los hijos de Israel?", preguntó (Éxodo 3.11). Y vemos aquí el error de Moisés. Cometió el error de pensar que se trataba de él, de sus talentos, capacidades y dones. Pero Dios enseguida corrige a Moisés y lo hace a lo largo del resto del capítulo:

- "*Yo soy* el Dios de tu padre" (Éxodo 3:6, énfasis añadido)
- "Ven, por tanto, ahora, *y te enviaré* a Faraón" (Éxodo 3:10, énfasis añadido)
- "Ve, porque *yo estaré* contigo" (Éxodo 3:12, énfasis añadido)
- "*YO SOY* EL QUE SOY" (Éxodo 3:14, énfasis añadido)
- "Yo *os sacaré*" (Éxodo 3:17, énfasis añadido)
- "*Yo extenderé* mi mano" (Éxodo 3:20, énfasis añadido)
- "Y *yo daré* a este pueblo gracia" (Éxodo 3:21, énfasis añadido)

Para el final de la conversación Moisés había aprendido una lección muy valiosa. El gran Yo Soy es el Dios del Yo haré. Dios es el que cumple su Palabra. No está buscando a los más talentosos, los más inteligentes, los más hermosos, los mejores oradores, los más instruidos ni los más carismáticos. Está buscando a los que están dispuestos a seguirle, a rendirse, a obedecer.

Si sientes que te faltan calificaciones, por un motivo o por otro, toma coraje de los discípulos. Jesús los escogió, no de los que salían de la Universidad de Jerusalén. No eligió a las mentes jóvenes más brillantes de la sinagoga. Fue a los puertos pesqueros y eligió a unos pescadores bastante rudos. Este grupo diverso de laicos poco instruidos no era por cierto "la crema de la sociedad" pero con ellos Jesús hizo un trato. Él les dijo: "Si me siguen, yo los haré" (ver Mateo 4:19). Quiero que sepas que es el mismo trato que Jesús hace con cada uno de nosotros. Si le seguimos, él nos hará.

Seguir a Jesús es muy simple porque no necesitas conocer el camino. No necesitas ser quien obre los milagros. No necesitas ser el salvador. No necesitas ser el sanador. Tu trabajo consiste en dejar de poner excusas, en dejar que él te guíe, en hacer lo que él te diga que hagas, ¡y seguirle!

...pero todavía me falta...

La obediencia demorada ¡es desobediencia! He encontrado que esta es una de las razones más comunes por las que muchos no llegan a cumplir la voluntad de Dios para sus vidas. Hay tanta gente que continuamente espera el "momento adecuado" antes de dar el primer paso para ir y hacer aquello que Dios les ha llamado a hacer. Una vez Reinhard Bonnke me dijo: "Los que buscan la voluntad de Dios por siempre se ven sobrepasados por los que van y la hacen".

Todos reconocemos que hay momentos y tiempos en Dios, y que a veces Dios nos dice que tenemos que esperar. No podemos ser impetuosos y salir a tontas y a locas para hacer lo que sea que queremos hacer en el momento en que queremos hacerlo, esperando que de una forma u otra Dios lo arregle todo para que al final funcione. ¡Eso puede ser un error fatal! Pero también puede ser un error igual de grande el esperar y esperar por siempre hasta que todo esté perfectamente listo antes de que actuemos. Cuando Dios nos habla, no importa qué pensemos, tenemos que obedecer porque es él quien sabe cuándo es el momento adecuado, no nosotros. Como dije antes, ¡Dios no puede conducir un auto aparcado! El enemigo se ocupará de que aparezcan las circunstancias imperfectas en nuestras vidas si sabe que solo vamos a seguir esperando y esperando hasta que nos parezca que llegó el momento perfecto. Tenemos que permitir que quien determine el momento justo sea el Espíritu Santo, y no nuestras circunstancias.

En Lucas 9:59-60 leemos la historia de alguien a quien Jesús llamó para que le siguiera: "Y dijo a otro: Sígueme. Él le dijo: Señor, déjame que primero vaya y entierre a mi padre. Jesús le dijo: Deja que los muertos entierren a sus muertos; y tú ve, y anuncia el reino de Dios".

Conozco este pasaje desde que tengo uso de razón, y tengo que confesar que durante gran parte de mi vida no entendía qué era lo que pasaba. En el fondo, sentía que Jesús no era justo con el pobre muchacho. El tipo no le había dicho que no. No dijo: "No, Señor, no voy a seguirte". La verdad es que fue bastante positivo y solo pidió algo muy simple:

"Primero, Señor, espérame para que pueda ir a enterrar a mi padre". ¿Era tanto pedir? ¿A quién no le gustaría que le dieran el día libre para poder ir al funeral de un ser querido? ¿Quién de nosotros no habría pedido lo mismo si acabara de morir uno de nuestros padres?

Un día estaba leyendo este pasaje, y volví a leerlo una y otra vez para tratar de entenderlo. Finalmente, dejé mi Biblia y dije: "Señor, ¿por qué fuiste tan impaciente con ese joven? ¿Por qué no podías darle tan solo un día extra para que enterrara a su padre muerto?". El Espíritu Santo habló a mi corazón con mucha claridad. En lugar de responder mi duda, me preguntó algo: "¿Qué es lo que te hace pensar que el padre de este hombre había muerto?". Volví a leer el pasaje y vi que en ningún lugar dice que el padre había muerto. Solo dice que el joven quería esperar a seguir a Jesús hasta haber tenido la posibilidad de enterrar a su padre.

Eso me abrió los ojos y de repente vi lo que estaba sucediendo allí. Este joven quería postergar la obediencia al llamado de Jesús hasta que llegara un momento más conveniente. Tal vez su padre fuera anciano y ya no fuese a vivir mucho tiempo más. Y el muchacho pensó: "Cuando mi padre haya muerto será un momento mucho más conveniente para seguir a Jesús". Tal vez pensó que Jesús seguiría por allí los siguientes cincuenta años, predicando y enseñando. Que seguramente quedaba mucho tiempo por delante. Pero en tres años más Jesús estaría en la cruz, y la oportunidad de caminar con él y aprender de él en vivo y en directo ya habría pasado, para siempre. Este joven no tenía idea de lo precisa, infrecuente y caduca que era la invitación. Se perdió la oportunidad de su vida, y por dos costosas palabritas: "Primero, Señor...". ¿Lo ves? ¡Es lo mismo que hacemos muchos de nosotros!

Jesús viene a nosotros, quizá cuando somos jóvenes, y nos dice: "Sígueme". Y decimos: "Sí, Señor, te seguiré, pero primero déjame terminar mis estudios".

Pasa el tiempo, nos graduamos, y él vuelve: "Sígueme", dice. Y respondemos: "Sí, Señor, te seguiré pero primero deja que encuentre un empleo y ahorre algo de dinero como respaldo económico".

Conseguimos el empleo, pasa el tiempo, y él vuelve: "Sígueme", dice. Y respondemos: "Sí, Señor, te seguiré, pero primero deja que mis hijos terminen la escuela".

Crecen los chicos, se van de casa y tienen hijos también. Y él vuelve y nos dice: "Sígueme". Y decimos: "Sí Señor, te seguiré, pero primero deja que me jubile para que pueda cobrar mi pensión".

Pasan los años, más rápido de lo que esperamos. El joven se hace viejo y pronto se ha pasado la vida entera. Un día, habrá quien baje nuestros cuerpos a la fosa cavada en la tierra para que vuelvan al polvo y al final somos muchos los que no seguimos jamás el llamado de Dios. Estoy diciendo que la tragedia más grande del mundo es la de una vida desperdiciada. La vida verdadera en su más pleno sentido no tiene que ver con tener pulso, sino con hacer la voluntad de Dios. Hay muchos que ya están muertos en vida: "Deja que los muertos entierren a sus muertos", dijo Jesús, "y tú ve, y anuncia el reino de Dios" (Lucas 9:60).

Todos sabemos quiénes eran los doce discípulos. Son los que respondieron al llamado de Jesús. Pero me pregunto cuántos hubo que no respondieron. Este joven podría haber sido el discípulo número trece. Hasta podría haber un libro de la Biblia con su nombre. Su nombre podría haber sido uno de los que están escritos en los cimientos de la Nueva Jerusalén. Pero hoy, no sabemos cómo se llamaba. Solo conocemos la épica oportunidad que se perdió. Veamos la diferencia entre su respuesta al llamado de Cristo y la respuesta de los que sí fueron discípulos de Jesús.

> Cuando Jesús llama, no está diciendo: "Respóndeme el llamado en algún momento de hoy". ¡Está esperando la respuesta ahora! No lo postergues. La obediencia demorada es desobediencia.

Mateo 4:18-22 nos habla del llamado de Pedro y Andrés: "Andando Jesús junto al mar de Galilea, vio a dos hermanos, Simón, llamado Pedro, y Andrés su hermano, que echaban la red en el mar; porque eran pescadores. Y les dijo: 'Venid en pos de mí, y os haré pescadores de hombres'. Ellos entonces, *dejando al instante las redes*, le siguieron. Pasando de allí, vio a otros dos hermanos, Jacobo hijo de Zebedeo, y Juan su hermano, en la barca con Zebedeo su padre, que remendaban sus redes; y los llamó. Y ellos, dejando *al instante* la barca y a su padre, le siguieron (énfasis añadido).

Me encanta la forma en que Lucas cuenta el mismo suceso en su evangelio: "Y cuando trajeron a tierra las barcas, dejándolo todo, le siguieron" (Lucas 5:11). Dejaron sus redes *de inmediato.* Dejaron sus barcas *de inmediato.* Lo dejaron todo y siguieron a Jesús. ¡Qué respuesta! Algo se agita en mi alma cuando leo eso. Quiero unirme a esos hombres y abandonarlo todo para seguir al Cordero dondequiera que vaya. Eso es lo que el otro joven no veía. No era decisión suya el momento adecuado para obedecer. Tendría que haberlo dejado todo de inmediato para responder al llamado.

La mejor amiga del diablo es la postergación. El diablo sabe que postergar la obediencia es desobedecer. El diablo sabe que "mañana" nunca llega. Hay muchas personas que se han perdido la salvación, no porque la rechazaran sino porque el diablo las convenció de solo postergarla un poco más. Convenció a los jóvenes de que tienen mucho tiempo por delante. A otros los convenció para que esperaran a causa de alguna relación o un pequeño pecado que no querían dejar. El diablo sabe que jamás habrá una oportunidad más ideal para seguir a Jesús que la del momento en que nos llama.

¿Alguna vez oíste citar el versículo que dice: "Hoy es el día de la salvación"? Es que ese versículo no existe en la Biblia. En realidad, 2 Corintios 6:2 dice: "He aquí *ahora* el día de salvación" (énfasis añadido). Porque decir "hoy es el día" no trasmite la urgencia, pero el tiempo ¡es el *ahora*! Si alguien se está ahogando no necesita que le rescaten en algún momento del día de hoy. ¡Lo necesita ahora! Cuando Jesús llama, no está diciendo: "Respóndeme el llamado en algún momento de hoy". ¡Está esperando la respuesta ahora! No lo postergues. ¡No esperes! Responde de inmediato, deja todo lo que te impida seguir a Jesús, y ¡síguele! La obediencia demorada es desobediencia.

Quiero tomarme un momento para dirigirme en especial a quienes tienen, como yo, el llamado a evangelizar. Jesús le dijo a ese joven en Lucas 9:60: "Deja que los muertos entierren a sus muertos; y tú ve, y anuncia el reino de Dios". Cuando se trata de la voluntad de Dios para tu vida esta cuestión de responder al llamado de Dios es de especial urgencia para quienes han sido llamados a predicar el evangelio.

Imagina que eres médico. De hecho, el mejor médico de todo el país y hay una plaga mortal que arrasa con la población. Muere gente a diestra y siniestra alrededor de ti, y eres la única persona que sabe cómo curar la enfermedad. La única persona que tiene la vacuna. Corres hacia el hospital para salvar a cientos de pacientes que están en sus lechos de muerte, y de repente alguien que está al otro lado del camino te llama y dice: "¡Oye! Ven aquí y ayúdanos a sepultar a estos muertos". Les dirías: "Lo siento. No puedo ayudarlos. Estoy demasiado ocupado salvando vidas como para enterrar muertos".

Quiero decirte que tenemos el mandato más importante, más crítico de todos. Alrededor de nosotros millones de personas perecen. Tenemos la respuesta para la plaga del pecado y la muerte. "Hijitos, ya es el último tiempo", dice Juan (1 Juan 2:18). No hay necesidad más acuciante, y el momento no podría ser más adecuado. Hay muchísimas buenas causas que requieren de la atención de alguien pero no hay ninguna más importante que el llamado a predicar el evangelio. Tenemos que dejar que alguien más haga las cosas "buenas" mientras permanecemos concentrados en la cosa más importante de todas: ¡ganar almas! No estamos llamados a sepultar a los muertos. ¡Estamos llamados a resucitar a los muertos!

El llamamiento y la comisión

Quiero ocuparme de lo estrictamente práctico en este momento, si me lo permites. Prediqué en una oportunidad sobre responder al llamado con urgencia y después vino alguien y me dijo: "Dios me llamó al campo misionero, pero usted dijo que tengo que obedecer ahora. ¿Significa que debo renunciar a mi empleo y mudarme a otro país ahora mismo?". Estos detalles son el punto en donde las cosas se vuelven muy personales, muy a medida de cada uno. En última instancia solo tú puedes saber qué es lo que te está diciendo Dios, y solamente tú rendirás cuentas ante Dios. Sin embargo, en la mayoría de los casos creo que podemos decir que cuando Dios te llama no es que está esperando que corras al aeropuerto en ese momento o que zarpes con la próxima marea.

Puede sonar un tanto contradictorio por lo que dije hace un momento, pero si hay alguna confusión en cuanto a esto, es porque no logramos distinguir entre el "llamamiento" y la "comisión". Cuando Jesús llamó a sus discípulos, no los llamó a ser apóstoles, profetas, evangelistas, pastores o maestros. Simplemente los llamó para que le siguieran. Y cuando le siguieron, Jesús prometió que "haría de ellos pescadores de hombres". Ahora, los discípulos dejaron sus redes al instante para seguir a Jesús, pero él no los hizo pescadores de hombres de inmediato. Hubo un tiempo de aprendizaje en medio, desde el llamado de Jesús a seguirle y el momento en que les dio la comisión de predicar el evangelio.

La obediencia al llamado de Dios tiene que ver con seguir a Jesús. Si has oído el llamado de Jesús y piensas que tienes que tomar el próximo avión al campo misionero, probablemente hayas malinterpretado lo que te dijo cuando te llamó. Muy probablemente no te haya dicho: "Ve y hazlo". Lo más probable es que haya dicho: "Ven y sígueme". No te preocupes por la comisión. Vendrá, cuando estés siguiendo a Jesús.

Capítulo 15

ENEMIGO N° 5. LA HECHICERÍA DE LA REBELDÍA

Hace poco, en una ocasión en que terminaba de predicar, se acercaron dos jóvenes y me dijeron que el Señor les había llamado a ser evangelistas. Querían saber si podía darles algún consejo. Les dije: "Sí, mi consejo cabe en una sola palabra: ¡obedezcan!". Creo que esa palabra de consejo quizá sea la más importante que se le podría dar a quien quiere descubrir la voluntad de Dios y permanecer en ella. Por desdicha, también es una de las áreas que más difíciles les resultan a muchos de los hijos de Dios. Somos como ovejas, propensas a vagar por allí, sorprendentemente estúpidas. Y somos como los burros, obstinados, cabezas duras. Somos también como los pavos reales, orgullosos y vanidosos. No nos cuesta analizar y racionalizar, pero para obedecer somos lentos. Somos maestros en el arte de la postergación, expertos en el área de las justificaciones. Nos resulta fácil presentar excusas, pero la simple obediencia nos parece muy difícil.

> Dios lo sabe todo, lo conoce todo. Cuando Dios habla, te está dando información "interna" para ventaja tuya y tu obediencia es lo más beneficioso que puedes hacer por tu propia vida.

"Ahora, pues, Israel, ¿qué pide Jehová tu Dios de ti, sino que temas a Jehová tu Dios, que andes en todos sus caminos, y que lo ames, y sirvas a Jehová tu Dios con todo tu corazón y con toda tu alma; que guardes los mandamientos de Jehová y sus estatutos, que yo te prescribo hoy, para que tengas prosperidad?" (Deuteronomio 10:12-13, énfasis añadido). Fíjate que lo que Dios nos manda a hacer no es para que suframos y la pasemos mal. Es por nuestro bien. Puede sonar a frase repetida, a cliché, pero por favor no la descartes y sigue leyendo el próximo párrafo. Detente por un momento a considerar esta idea. Dios lo sabe todo, lo conoce todo. Conoce el futuro. Conoce el pasado. Puede ver lo que vendrá en tu vida y en las de todos los que te rodean. Sabe qué es lo que va a pasar en la economía, en la política, en la escena mundial. Cuando Dios habla, te está dando información "interna" para ventaja tuya y tu obediencia es lo más beneficioso que puedes hacer por tu propia vida.

Podría señalar muchos ejemplos de mi vida, de momentos en que Dios me habló acerca de algo pero como la obediencia requería cierto nivel de sacrificio personal, en mi corazón y mi mente lo pensé y lo repensé, a veces por demasiado tiempo. Finalmente descubrí que sus instrucciones tenían como propósito ahorrarme montañas de dolor, tristeza y gastos. Si tan solo aprendiéramos a obedecer, nos sentiríamos plenos, felices y bendecidos en todos los aspectos. El famoso himno de John H. Sammis lo dice, y muy bien:

> Confía y obedecer, porque no hay otro camino
> para ser feliz en Jesús, más que confiar y obedecer.[38]

Piensa en el primer rey de Israel, Saúl, que siempre pensaba que sus ideas eran mejores que las órdenes de Dios. Cada vez que se rebelaba, se hundía más y más en problemas, y se alejaba más de la voluntad de Dios. Fue a Saúl que Samuel le dijo: "¿Se complace Jehová tanto en los holocaustos y víctimas, como en que se obedezca a las palabras de Jehová? Ciertamente el obedecer es mejor que los sacrificios, y el prestar atención que la grosura de los carneros. Porque como pecado de adivinación es la rebelión, y como ídolos e idolatría la obstinación. Por cuanto tú desechaste la palabra de Jehová, él también te ha desechado para que no seas rey" (1 Samuel 15:22-23, RVR60).

Así como la rebeldía bloquea las bendiciones de Dios, la obediencia las libera. Piensa en la viuda de Sarepta y su extraordinario milagro de provisión. Había una hambruna terrible que arrasaba con su tierra, y Dios le habló a Elías en 1 Reyes 17:9, y le dijo: "Levántate, vete a Sarepta de Sidón, y mora allí; he aquí yo he dado orden allí a una mujer viuda que te sustente". Toma en cuenta que Dios no mandó a Elías a vivir en la mansión de una mujer que tenía enormes depósitos de grano para que le diera de comer al profeta. No. El Señor lo mandó con una pobre viuda que no tenía comida suficiente siquiera para su propia familia.

Y señalo esto porque Dios podría haber mandado a Elías con cualquier otra persona. Podría haber seguido enviando cuervos para que lo alimentaran. Lo importante aquí es que en realidad Elías no necesitaba la comida de esta mujer. Dios no mandó a Elías a esa mujer para poder proveer para Elías. Lo mandó con la viuda para que él pudiera proveer para la ella. ¿Por qué mandaría el Señor a una pobre viuda a hacer un sacrificio tan costoso? Tiene que haber parecido algo cruel, sin sentido. ¡Pero era para bien de la mujer! Su obediencia abrió las compuertas a una fuente de provisión que la viuda jamás podría haber anticipado. "Y la harina de la tinaja no escaseó, ni el aceite de la vasija menguó, conforme a la palabra que Jehová había dicho por Elías" (1 Reyes 17:16, RVR60).

> No hay alternativa
> a la obediencia,
> ni por el camino del sacrificio,
> ni de las invocaciones,
> ni de las lágrimas.
> Cuando Dios habla solo hay
> una respuesta adecuada:
> la obediencia inmediata,
> sin cuestionamientos.

Hay favor, prosperidad, paz, gozo y bendición para los que obedecen. Pero el rebelde cosecha la recompensa de sus propios caminos. En Colosenses 3:6 se llama a los incrédulos "hijos de desobediencia", y se nos dice que sobre ellos vendrá la ira de Dios. No somos hijos de desobediencia, sino que se nos conoce por una característica diferente. En Juan 10.27 Jesús dijo: "Mis ovejas oyen mi voz, y yo las conozco, y me siguen". Una de las cosas que distinguen a los hijos de Dios de los perdidos, es la obediencia a la voz de él.

¿Alguna vez te detuviste a pensar en el pecado de la desobediencia? Toda la creación —las galaxias, los planetas, las mareas, la naturaleza— obedece a sus órdenes. Todo, excepto las personas. Quizá el pecado más grande de la humanidad sea el pecado de la propia voluntad. Me encanta la forma en que ilustra esta idea el misionero Paul Washer en uno de sus sermones recientes. Dijo: "Imagina lo siguiente. Allí está Dios en el día de la creación. Mira las estrellas que podrían tragarse a mil soles nuestros. Las mira y dice: 'Estrellas, todas ustedes muévanse a este lugar y empiecen en este orden a moverse en un círculo, exactamente tal como se los digo hasta que les mande hacer otra cosa'. Y todas le obedecen. Dice: 'Planetas, levántense y giren. Fórmense de este modo tal como se los ordeno, hasta que les diga otra cosa'. Dios mira a las montañas y les dice: 'Levántense' y ellas le obedecen. Y les dice a los valles: 'Permanezcan llanos allí abajo', y le obedecen. Y mira al mar y dice: 'Llegarás hasta aquí' y el mar obedece, y luego te mira a ti y te dice: 'Ven'. Y tú dices: '¡No!'".[39]

He decidido terminar esta sección sobre los enemigos de la voluntad de Dios para tu vida con este capítulo sobre la rebeldía porque, a fin de cuentas, la desobediencia está en el núcleo mismo de todos esos enemigos. La pereza, el miedo, la incredulidad y las excusas se vencen fácilmente si solo decidimos en nuestros corazones que obedeceremos, pase lo que pase. La rebeldía es, no solo enemiga de la voluntad de Dios para tu vida, sino señal de que hay un grave problema en tu corazón. Dios ve la rebeldía y la obstinación como brujería, como iniquidad, ¡como idolatría! No hay alternativa a la obediencia, ni por el camino del sacrificio, ni de las invocaciones, ni de las lágrimas. Cuando Dios habla, no desperdicies tu tiempo con plegarias sobre lo que te dijo. Cuando Dios habla, no pierdas tu tiempo razonando o analizando su palabra. Cuando Dios habla solo hay una respuesta adecuada: la obediencia inmediata, sin cuestionamientos.

Hay mucha gente que ha estado orando por la voluntad de Dios y estudiando su Palabra, buscando su voluntad. Pero Dios ya ha hablado, lo que falta es que obedezcan. A eso se le llama rebeldía y la rebeldía bloquea las bendiciones de Dios, que no pueden entonces fluir hacia tu vida. Si no vas a obedecer, ninguno de los consejos de este libro podrá ayudarte. De hecho, si no quieres obedecer ni siquiera la Biblia te ayudará. Martín Lutero dijo: "Bien puedes dejar de leer y oír la Palabra de Dios y dársela al diablo si no quieres vivir de acuerdo con ella".[40]

CUARTA PARTE

CINCO PREGUNTAS PERSISTENTES SOBRE LA VOLUNTAD DE DIOS

Capítulo 16

SI ENCUENTRO RESISTENCIA, ¿ESTOY FUERA DE LA VOLUNTAD DE DIOS?

Todos hemos oído frases hechas como: "Allí donde Dios guía, él provee", o "Lo que Dios ordena lo sustenta". Y si bien hay un elemento de verdad en adagios contundentes como estos, a menudo pueden darte la falsa impresión de que si uno está en la voluntad de Dios todo resultará fácil. Es un concepto erróneo que puede hacer que alguien se cuestione constantemente el llamado de Dios y su voluntad. ¿Qué pasa si tu cuenta de banco no tiene fondos y surgen los problemas por todos lados? ¿Concluimos entonces que Dios no está con nosotros? ¿Renunciamos cuando las cosas se ponen difíciles?

Seguir el llamado de Dios no nos garantiza que no habrá dificultades y problemas. De hecho, la realidad bien puede ser todo lo contrario. Jesús les dijo a sus discípulos en Juan 16:33: "En el mundo tendréis aflicción". Pablo dijo en 2 Timoteo 3:12 que quien vive siguiendo a Dios tendrá que sufrir. Pero en medio del sufrimiento hay paz, y toda dificultad con que nos encontremos dará forma a nuestro carácter moral y nos acercará más a Dios.

Hay muchos que conocen el versículo que dice: "Y sabemos que a los que aman a Dios, todas las cosas les ayudan a bien, esto es, a los que conforme a su propósito son llamados" (Romanos 8:28). Sin embargo, hay mucha gente que no sabe que cuando el apóstol Pablo escribió esas palabras en realidad estaba hablando del sufrimiento y las dificultades. Estaba diciendo que incluso esas dificultades obran para nuestro bien si amamos a Dios y *somos llamados según su propósito.* El estar en la voluntad de Dios no garantiza que eludamos los problemas y la adversidad, pero sí garantiza que cada uno de los problemas que enfrentemos será agente del amor de Dios ¡obrando activamente para nuestro bien a fin de cuentas!

> Seguir el llamado de Dios no nos garantiza que no habrá dificultades y problemas. De hecho, la realidad bien puede ser todo lo contrario.

Las Escrituras están repletas de historias sobre las experiencias "del desierto" que debieron soportar grandes hombres y mujeres de Dios. Los relatos de sus sufrimientos y dificultades no son simplemente desviaciones del tema principal, algo casual que se te cuenta como al pasar. Son elementos centrales de esas historias porque Dios usó el desierto para transformar a esa gente común en héroes de la fe.

Jesús en el desierto de la tentación

En Lucas 4 leemos sobre la tentación de Jesús en el desierto. El versículo 1 dice: "Jesús, lleno del Espíritu Santo, volvió del Jordán, y fue llevado por el Espíritu al desierto". Como ya señalé, no fue el diablo el que llevó a Jesús al desierto. El versículo nos dice que ¡fue el Espíritu quien lo llevó al desierto! Muchas veces cuando nos encontramos en una experiencia desértica, de inmediato empezamos a reprender al diablo pero en realidad, el que nos lleva al desierto puede ser Dios. ¿Y por qué haría Dios algo así con nosotros? ¿Por qué se lo haría a Jesús? Es por lo siguiente que quiero destacar en el relato de Lucas lo de la tentación.

Lucas 4:1 dice que cuando Jesús fue al desierto estaba "lleno del Espíritu Santo". Pero al final de la historia cuando Jesús sale del desierto, afirma: "Y Jesús volvió *en el poder del Espíritu*" (v. 14, énfasis añadido). Hay algo en el desierto que produce hombres y mujeres de Dios con poder. El desierto es el campo de entrenamiento de Dios y suele ser prerrequisito para la promoción. Hasta Jesús tuvo que pasar por eso.

Estar lleno del Espíritu Santo es una cosa, con el potencial de hacer grandes cosas para Dios. Pero haber pasado por el valle de la sombra de muerte y salir victorioso al otro lado es algo muy distinto. Hay una gran diferencia entre el cadete del ejército que pasar por el entrenamiento militar, y el veterano endurecido por la batalla, entre el recluta y el héroe de guerra que ha pasado por pruebas y que se ganó sus bandas y cicatrices con valor. Cuando has pasado por la crisis de la fe y experimentado la provisión y el poder de Dios, cuando él te ha sacado del pozo empantanado y pone tus pies sobre la roca, cuando él te ha demostrado su fidelidad una y otra vez, sales del desierto conociendo el poder del Espíritu Santo que hay dentro de ti, caminando en ese poder.

David en el desierto de la espera

David no era candidato favorito para la grandeza. No era el primero al que su padre escogería. Y de hecho, cuando Samuel llegó a ungir a un rey en la casa de Isaí, el padre de David ni siquiera se molestó en llamarlo para que viniera desde el campo sino que presentó ante el profeta a sus hijos mayores, hombres que impresionarían mejor. Pero lo que Dios escoge muchas veces es diferente a lo que escogemos los humanos, porque los humanos miramos el aspecto exterior, pero Dios mira el corazón. Dios encontró a David en el campo, cuidando fielmente sus ovejas, tocando su arpa en adoración a Dios. Dios escogió a David, contra toda lógica humana, para que fuera el próximo rey de Israel. Pero antes de que pudiera sentarse en el trono iba a tener que pasar por el desierto.

El rey Saúl, poseído por espíritus malignos y presa de celos crueles, odiaba a David con rabia feroz, y lo persiguió como a un ave (Lamentaciones 3:52). David huyó al sur, hacia el Mar Muerto, al desierto donde escasea el agua y la vida tiene valor precioso. Se ocultó allí en cuevas y durante ocho largos años, huyó de Saúl. David había sido ungido como próximo rey de Israel y sin embargo se estaba escondiendo como un animal perseguido. Más fácil le habría resultado a David cuestionar el plan de Dios durante esos años del desierto pero Dios usó el calor abrasador, el aire salino, las terribles tormentas de arena, para formar un rey de lo que antes era un pastorcito de ovejas, en el solitario sufrimiento del desierto. Cuando David surgió de ese desierto yermo, ascendió al trono y a un eterno pacto con el Dios viviente.

Moisés en el desierto del quebranto

Dios eligió a Moisés como libertador de Israel. Lo salvó de la masacre de los bebés, y luego hizo que la familia real de Egipto lo adoptara. Moisés creció en el palacio del faraón, comiendo manjares de primera y aprendiendo de los mejores tutores de Egipto, disfrutando de los más grandes lujos. Con solo mirar a este joven príncipe cualquiera vería que era la opción perfecta para una tarea grandiosa. Sin embargo, ese joven ideal según los parámetros humanos, carecía de un prerrequisito para su providencial misión. Y por eso Dios lo anotó en la escuela del quebranto y lo envió al desierto, donde Moisés pasó los siguientes cuarenta años de su vida.

> El estar en la voluntad de Dios no garantiza que eludamos los problemas y la adversidad, pero sí garantiza que cada uno de los problemas que enfrentemos será agente del amor de Dios ¡obrando activamente para nuestro bien a fin de cuentas!

A veces Dios tiene que quebrarnos para poder reconstruirnos a su manera. Y con frecuencia, cuanto más impresionante sea el edificio que levantamos nosotros, más largo y doloroso es el proceso de morir a nosotros mismos y rendirnos a Dios. Moisés fue al desierto como orgulloso príncipe y salió como humilde profeta. Quizá pensó que se había terminado su vida cuando escapó al desierto árido y caliente, pero no sabía que eso marcaría un nuevo comienzo. Los cuarenta años andando por el desierto culminarían en una conversación transformadora, con una zarza ardiente que cambiaría el curso de la historia. Era este hombre, el más humilde de todos, a quien Dios le habló cara a cara como se habla con un amigo, a quien guió con un pilar de fuego y una nube. Fue a este vagabundo tartamudo a quien Dios le dio las tablas de piedra que él había grabado con su propio dedo. Fue de ese fugitivo buscado el rostro que resplandecía con la gloria de Dios cuando bajó del monte Sinaí. A ese príncipe quebrantado Dios lo usó para partir las aguas de un mar y liberar de la esclavitud a una nación entera.

Israel en el desierto de la purga

Dios necesitó solamente un día para sacar a Israel de Egipto. Pero hicieron falta cuarenta años para sacar a Egipto de adentro de Israel. Así es.

Dios sacó a toda la nación y la llevó por el desierto antes de llevar a Israel a su herencia. ¿Estás empezando a ver un patrón? Entre Egipto y Canaán, la tierra del cautiverio y la tierra del destino, siempre hay un proceso y un viaje que te llevará por un desierto seco, solitario, yermo. En ese lugar es donde Dios obra en nuestras vidas, una obra eterna y de paciencia, que da gloria a su nombre.

Nos encantaría evitar el desierto. Preferiríamos no pasar por la prueba de fuego si se nos diera a elegir. Pero son esas notas menores las que componen la sinfonía de nuestras vidas y de la historia, rica y bellísima cuando está terminada. Piensa en cada una de las historias que te han inspirado, en cada recuerdo que atesoras. Notarás que a cada victoria la precedió una batalla y que a cada momento culminante le precedió un conflicto. El testimonio que todos queremos escuchar incluye una prueba que nadie quiere soportar. La historia que a todos nos gustaría contar contiene un desierto que todos queremos eludir. Pero habla con quienes han pasado la prueba de fuego y salieron puros como el oro, y les oirás decir una y otra vez: "No cambiaría esa experiencia por nada del mundo".

El placer por sobre el dolor es casi nuestra configuración de fábrica y por lo general buscamos el camino del menor esfuerzo. Pero, a diferencia de nosotros, Dios ve nuestras vidas desde el punto de vista de la eternidad, y lo que le importa más que nada no es nuestra comodidad, sino que seamos conformes a la imagen de su Hijo. ¿Te parece que sería efectivo un ejército en el que se entrenara a los soldados en hoteles de cinco estrellas? ¿Qué tan confiable sería un académico si jamás hubiera tenido que pasar por un examen? ¿Cuánto duraría un boxeador en el cuadrilátero si su entrenamiento consistiera en batallas de almohadas?

Leí sobre un experimento científico en el que un grupo de investigadores se aislaron del mundo exterior en un ambiente artificial llamado "biósfera". Dentro de la biósfera los científicos habían logrado recrear casi todas las condiciones climáticas con excepción de una: el viento. Y se sorprendieron al ver que la ausencia de viento era desastrosa para los árboles, que empezaban a doblarse y quebrarse por su propio peso. Resulta que el viento hace fuertes a los árboles porque crea tensión. Sin esa resistencia los árboles no podrían desarrollar la fuerza que les hace falta para mantenerse erguidos. El poema de Douglas Malloch, "Buena madera", lo expresa de manera brillante:

El árbol que jamás tuvo que pelear
por el sol, el cielo, el aire y la luz,
sino que estuvo en la llanura abierta
y siempre recibió su porción de lluvia
nunca llegó a ser el rey del bosque.
Vivió y murió siendo debilucho.

El hombre que jamás tuvo que esforzarse
para llegar al cielo desde el suelo común,
que jamás tuvo que ganarse su parte
del sol, el cielo, la luz y el aire,
nunca fue hombre gallardo
sino que vivió y murió tal como había empezado.

La buena madera no se forma en la comodidad,
cuanto más fuerte es el viento, más duros son los árboles,
cuanto más lejos está el cielo, más camino andarás
cuanto más grande la tormenta, mayor será la fuerza.
El sol y el frío, la lluvia y la nieve,
en árboles y hombres, forman la buena madera.

Allí donde más denso es el bosque
hallamos a los patriarcas de una y otra especie.
Conversan con las estrellas los que
tienen cicatrices en sus ramas rotas,
por la mucha lucha y los fuertes vientos.
Es la ley de la vida, común a los dos.[41]

Hace años cuando nuestros hijos eran muy pequeños, mi esposa y yo vivíamos en una casa que tenía una piscina. Disfrutábamos mucho de ese lugar, pero siempre me preocupaba que alguno de los chicos pudiera caer en la piscina cuando no hubiera ningún adulto mirando. Así que para mantenerlos seguros, los inscribí en clases de natación. Para mi hijo y mi hija esos primeros días fueron un tormento. En realidad lo fue para nosotros también porque aprender a nadar es un bautismo de fuego. Lloraban, se resistían, protestaban, pedían no ir más. Pero cuando nos miraban, veían que sus padres permanecían sentados a un lado, en silencio.

Los veíamos luchar y se nos encogía el corazón al ver que se angustiaban. Pero no interveníamos. Era un desafío por su propio bien, lo permitíamos porque los amábamos. Pero todo ese tiempo que luchaban y sufrían, manteníamos la mirada puesta en ellos, con mucho amor. Observábamos cada uno de sus movimientos y jamás habríamos permitido que se ahogaran.

Justo antes de morir Moisés entonó un cántico por Israel y dijo: "Le halló [el Señor] en [a Israel] tierra de desierto, y en yermo de horrible soledad; lo trajo alrededor, lo instruyó, lo guardó como a la niña de su ojo" (Deuteronomio 32:10, RVR60). Moisés, Israel, David e innumerable cantidad de otros más incluyendo al mismo Jesús, pasaron por el desierto cuando siguieron el llamado de Dios. Las dificultades y los problemas por los que pasaron eran parte del plan divino, usados para cumplir el propósito de Dios en sus vidas.

Estar en la voluntad de Dios no significa que no habrá tropiezos, que seremos inmunes a la dificultad. Pero incluso en medio del desierto Dios desplegará sus alas sobre nosotros y volará en círculos como el águila que cuida a sus polluelos. Nos cuidará como a la niña de sus ojos y jamás permitirá que nos ahoguemos.

Capítulo 17

¿CÓMO VOY DESDE DONDE ESTOY HACIA DONDE DIOS QUIERE QUE ESTÉ?

Tenemos en el vestíbulo de nuestro edificio principal del ministerio en Orlando, Florida, un mural que cubre toda una pared, donde se ve a una multitud de gente en una de nuestras campañas de evangelización en África. A muchos les impacta la fotografía porque les da apenas un vistazo de lo enormes que son esas actividades. Para otros evangelistas es una inspiración especial porque, como nosotros, han sido llamados a predicar el evangelio a la mayor cantidad posible de personas. Una vez recibimos a un evangelista joven que vino de visita y que quedó un largo rato mirando el mural, sin decir nada. Finalmente señaló la imagen con el dedo y dijo: "He estado tratando de entender cómo llego a eso desde el lugar en que estoy ahora".

> Si este sueño realmente viene de Dios, absolutamente todo lo que te haga falta se te proveerá a medida que avances.

Creo que es una pregunta común. ¿Cómo llegamos desde donde estamos a ese momento al que sabemos que Dios nos está llamando? Si estás aquí, estás en un buen lugar, aunque no te lo parezca en este momento. Estás en el lugar donde tienes un sueño que ha venido desde el cielo. Si ese sueño realmente viene de Dios, absolutamente todo lo que te haga falta se te proveerá a medida que avances. Esta será la aventura más maravillosa de tu vida.

Dios ha hablado y hará su parte. Pero, ¿qué papel tenemos nosotros? Necesitamos reconocer que toda marcha comienza con un único y pequeño paso. Caminar para entrar en todo lo que Dios tiene para nosotros en el futuro empieza con los pequeños pasos de fe que daremos ahora. Pregúntate tres cosas:

¿Qué pasos puedo dar para prepararme?

Tal vez sepas de alguien que alcanzó el éxito de la noche a la mañana. Pero la realidad indica que todas estas sensaciones del momento suelen ser tan solo una ilusión. Alguien me dijo: "Me tomó treinta años de trabajo duro llegar a ser un éxito de la noche a la mañana". En verdad, cuando veas a alguien que parece haber llegado al éxito en un instante, lo que estás viendo es la intersección de la preparación y la oportunidad. Es cierto que existen las grandes oportunidades que nos llegan, pero solamente los que estén preparados podrán aprovecharlas.

Necesitamos reconocer que toda marcha comienza con un único y pequeño paso. Caminar para entrar en todo lo que Dios tiene para nosotros en el futuro empieza con los pequeños pasos de fe que daremos ahora.

¿Qué puedes hacer entonces para prepararte de manera que puedas aprovechar la oportunidad que Dios va a poner en tu camino?

Quizá Dios te haya llamado a predicar el evangelio a las naciones, pero no tienes invitaciones para ir a predicar. Si fuera tú, yo tendría listo mi pasaporte, compraría una maleta y prepararía algunos mensajes evangelísticos para que cuando llegue tu oportunidad de salir, ya tengas todo preparado. ¿Qué oportunidades tienes ahora mismo, que están en línea con aquello que Dios te ha llamado a hacer? ¿Qué tienes ahora mismo a mano? ¿Te hace falta hacer algo más? Piénsalo. ¿Te está llamando Dios a que estudies, para prepararte de manera que puedas concretar la visión que él te dio? Busca ahora mismo en Internet en qué lugar podrías estudiar. ¿Te ha dado Dios el sueño de abrir un negocio? Piensa en la gente emprendedora con la que podrías hablar, para oír de sus experiencias. ¿Te falta cuidar tu salud y perder peso antes de poder hacer lo que Dios te llamó a hacer? Cambia tus hábitos alimentarios ahora y empieza a ejercitarte ya mismo. Haz algo. Lo que sea. Hoy mismo eso puede parecer algo insensato, pero hazlo de todos modos. Incluso la semilla más pequeña que se planta con fe puede germinar para concretar aquello que Dios te ha llamado a hacer.

¿Cómo puedo responder en fe?

Desde que se registró nuestro ministerio, Cristo para todas las Naciones, en los EE.UU. en el año 1987, jamás hemos tenido propiedades aquí porque sentimos que nuestro mandato es llevar rápidamente todo dinero disponible al campo misionero, invirtiendo en almas, no en ladrillos y cemento. Rentábamos oficinas en Orlando y estábamos muy contentos con lo que el Señor nos había provisto. Pero hace varios meses, un sábado en la mañana me llamó nuestro fundador, el evangelista Reinhard Bonnke y me dijo: "El Señor me habló esta mañana y dijo que tiene una "Casa de la cosecha" para nosotros en Orlando".

El evangelista Bonnke creía que Dios quería darnos instalaciones propias. Pero el problema es que no teníamos un centavo invertido y que jamás se nos había ocurrido siquiera un proyecto como ese. El reverendo Bonnke estaba seguro de que el Señor había hablado y por eso dijo: "Voy ya mismo a Orlando para reunirme contigo". Condujo el auto dos horas para reunirse con varios de nosotros en el ministerio para hablar ese sábado por la mañana sobre la "Casa de la cosecha". Era obvio que en ese mismo instante no podíamos hacer nada al respecto, e incluso habiendo hablado Dios, teníamos que trabajar mucho y con diligencia, averiguando y buscando cómo lograr la concreción de lo que había dicho.

Cuando le pregunté al evangelista Bonnke por qué estaba tan apurado por reunirse, me contestó: "Siento que los ojos de Dios están sobre mí y quiero que vea que cuando él habla, yo me levanto de un salto". En las siguientes semanas fuimos testigos de un milagro porque literalmente cada centavo para la compra de un edificio flamante y moderno ¡nos fue provisto de manera sobrenatural! Vi una correlación directa entre la respuesta sincera del hermano Bonnke a la palabra de Dios y su provisión para nuestro milagro.

Si Dios te ha revelado su voluntad pero no sabes exactamente qué hacer, ¡haz algo! Que Dios vea que tomas en serio su palabra y que cuando él habla, tú respondes. Como dije antes, ¡ni Dios podrá conducir un auto estacionado! Necesitas darle algo con qué trabajar. Hay mucha gente que busca la voluntad de Dios, la encuentra, pero nunca la ve de manifiesto en sus vidas porque jamás están dispuestos a actuar ni hacer nada al respecto.

Hay gente que espera que Dios lo haga todo por ellos. Algunos tienen la siguiente actitud: "Si esta visión es de Dios, todo sucederá por su cuenta". Pero, en realidad, ¡las cosas no funcionan de ese modo! En Mateo 6:26 Jesús dijo: "Mirad las aves del cielo, que no siembran, ni siegan, ni recogen en graneros; y vuestro Padre celestial las alimenta". Es cierto. Dios provee alimento a las aves del aire, pero no les construye los nidos ni recoge el alimento por ellos. Tienen que desplegar sus alas y hacer lo que les toca. Si te quedas en casa esperando que Dios te dé su voluntad a cucharadas en la boca, vas a quedarte allí esperando mucho tiempo. Mejor será que despliegues tus alas y empiece a moverte en fe y obediencia. Muéstrale a Dios que cuando él habla, ¡te levantas de un salto!

¿Qué puedo hacer para moverme en dirección al llamado de Dios?

Si estás en un cuarto oscuro y oyes que desde un rincón alguien te llama por tu nombre, la forma de encontrar a la persona será ir en la dirección de donde provino su voz. Es evidente. Pero me asombra que tanta gente perciba que Dios las llama a un área en particular y, sin embargo, lo que hacen es avanzar en una dirección diferente.

Por ejemplo, si tu llamado es a la medicina, no vas a ir a estudiar leyes. Si tu llamado es al campo de misiones, no debieras comprarte una casa grande en la ciudad. Si tu llamado es a ser pastor, no vas a casarte con alguien que deteste la iglesia.

Asegúrate de que lo que hagas vaya acercándote a tu llamado. Por ejemplo, Joe siente que Dios le ha llamado a emprender un negocio con una franquicia de restaurantes y a usar las ganancias para apoyar a las misiones. Pero trabaja como vendedor de autos y no tiene dinero para abrir su negocio en este momento. ¿Cómo podría Joe empezar a moverse en dirección al llamado de Dios?

Lo primero sería ir dando dinero a las misiones ahora, incluso si son montos pequeños. Muchas veces alguien me dice que está a punto de entrar en un gran negocio y que cuando gane millones va a apoyar a nuestra misión en África. Pero si no están ya dando de lo que tienen en este momento, dudo que cambien las cosas cuando ganen millones. Y es más: Dios no busca personas con buenas intenciones sobre lo que harán si él les bendice. Más bien, busca bendecir a personas que ya están siendo fieles y obedientes con lo que tengan.

Lo próximo que podría hacer Joe es conseguir un empleo que le ubique más cerca de aquello a lo que Dios le llamó. Un empleo en la industria de la hospitalidad podría brindarle experiencia y contactos, que como vendedor de autos no podría conseguir. Si Joe realmente siente que Dios le está llamando a abrir y administrar una cadena de restaurantes, debería sumergirse en ese mundo; incluso si significa cobrar menos dinero y empezar desde abajo, como personal de mantenimiento, digamos.

Muchos quieren que Dios les presente su futuro por anticipado, como si se tratara del plano de un edificio a construir. Nunca funciona de ese modo. No desprecies los pequeños comienzos. No desprecies los pequeños pasos, siempre y cuando sean pasos obedientes y llenos de fe que van acercándote al llamado de Dios en la dirección de donde proviene su voz. Al avanzar en obediencia y fe, él irá revelándotelo todo, paso a paso.

Capítulo 18

¿Y QUÉ HAGO MIENTRAS VOY BUSCANDO LA VOLUNTAD DE DIOS?

Es importante destacar que el vocablo *buscar* es una palabra activa. Hay quienes dicen que están buscando la voluntad de Dios pero en realidad lo que están esperando es un "golpe de suerte". En este capítulo la pregunta es: "¿Qué debo hacer mientras busco la voluntad de Dios?". Y lo que voy a ir señalando es, en realidad, lo que creo que significa buscar la voluntad de Dios. No son solamente cosas que puedes hacer mientras esperas que Dios te revele su voluntad para tu vida. Es que si no estás haciendo esas cosas, entonces no estás buscando la voluntad de Dios, en absoluto.

El que busca la voluntad de Dios vive pidiéndole activamente su instrucción, buscando oportunidades para aprovechar lo que ya tiene, ayudando a otros a concretar las visiones que Dios les dio, siendo fiel donde sea que esté en ese momento.

Busca la guía de Dios activamente

¿Le estás preguntando a Dios qué es lo que quiere que hagas? ¿Estás escuchándole, para oír cómo te guía cada día, en tu vida cotidiana? Santiago 4:2 dice: "No tenéis lo que deseáis, porque no pedís". Puede parecer algo increíblemente simple que mencione la importancia de la oración y hasta puedes pensar que estoy insultando tu inteligencia. Pero te sorprendería enterarte de cuánta gente simplemente no se toma el tiempo de orar en serio sobre lo que Dios quiere que hagan. Hay ocasiones en que Dios intencionalmente retiene algo que quiere darte, simplemente porque no te detuviste a preguntárselo, a pedírselo.

> El que busca la voluntad de Dios vive pidiéndole activamente su instrucción, buscando oportunidades para aprovechar lo que ya tiene, ayudando a otros a concretar las visiones que Dios les dio, siendo fiel donde sea que esté en ese momento.

En mi libro titulado *Your kingdom come: unlocking the miraculous through faith and prayer* [Venga tu reino: La llave a lo milagroso por medio de la fe y la oración] he escrito en detalle sobre el tema de la oración y la intercesión. Este extracto muestra un principio profundo tomado de la vida de Asá, el rey que cavó su propia tumba:

> Asombra que haya tanta gente que decide darle tan poco espacio a Dios en su vida. Cuando se trata de tomar decisiones en cuanto a los negocios, la familia, la profesión o asuntos importantes de la vida suelen buscar el consejo de un profesional; pero jamás hincan la rodilla ante el Rey del Universo, que está allí, anhelando ayudarles. Él desea que le glorifiquemos con nuestras vidas y sin embargo muchas veces lo privamos de ese derecho.
>
> Es más que lamentable que no consultemos las cosas con el Señor. Cuando le robamos a nuestro Creador, Sostenedor y Proveedor su digno lugar en nuestras vidas, literalmente estamos ofendiendo a Dios.
>
> El libro de 2 Crónicas 16:9 dice: "Porque los ojos de Jehová contemplan toda la tierra, para mostrar su poder a favor de los que tienen corazón perfecto para con él". Es un versículo que se cita en diversas situaciones pero te sorprenderá saber cuál es su contexto y las fascinantes circunstancias que tienen que ver con él. Nos abre los ojos y nos amonesta al mismo tiempo.
>
> Baasa, rey de Israel, se levantó en guerra contra Judá e intentó matar de hambre al pueblo sitiando Ramá. Entonces Asá, rey de la Judá sitiada: "sacó... la plata y el oro de los tesoros de la casa de

Jehová y de la casa real, y envió a Ben-adad rey de Siria... diciendo: Haya alianza entre tú y yo... para que vengas y deshagas la alianza que tienes con Baasa rey de Israel, a fin de que se retire de mí (2 Crónicas 16:2-3, RVR60).

Los sirios, cuya alianza había comprado Asa con el oro de la casa del Señor, vinieron y rescataron al reino del sur de las manos de Baasa. Parecía un final feliz, pero al Señor no le agradó. Dios quería ser el defensor y libertador de Judá pero Asa le había dado esa oportunidad a los sirios. De la misma manera en que Asa había tomado el oro de la casa del Señor y se la había dado a alguien más, le había quitado al Señor la gloria para dársela a otro.

Dios entonces envió al profeta Hanani al rey Asa, con este mensaje: "Por cuanto te has apoyado en el rey de Siria, y no te apoyaste en Jehová tu Dios, por eso el ejército del rey de Siria ha escapado de tus manos. Los etíopes y los libios, ¿no eran un ejército numerosísimo, con carros y mucha gente de a caballo? Con todo, porque te apoyaste en Jehová, él los entregó en tus manos. Porque los ojos de Jehová contemplan toda la tierra, para mostrar su poder a favor de los que tienen corazón perfecto para con él. Locamente has hecho en esto; porque de aquí en adelante habrá más guerra contra ti" (2 Crónicas 16:7-9, RVR60).

Por miedo Asa decidió acudir al rey de Siria y confiar en él, y no en el Señor, por lo que Dios se ofendió. Como resultado de ello el Señor entregó a Asa a lo que este más temía: "de aquí en adelante habrá más guerra contra ti". Al no incluir al Señor, Asa en realidad se había causado a sí mismo justamente lo que estaba tratando de evitar. "Mejor es confiar en Jehová que confiar en el hombre. Mejor es confiar en Jehová que confiar en príncipes" (Salmos 118:8-9).

¿Cuántas veces ha estado Dios allí, dispuesto y con poder para ayudarnos, y no acudimos a él ni le dimos la oportunidad de intervenir, la ocasión para darle la gloria por medio de nuestra crisis? Como resultado, muchas veces renunciamos a la paz y enfrentamos cargas innecesarias, sufriendo su peso, y todo porque no acudimos al Señor. Y lo peor es que la oportunidad de darle gloria a Dios ya se ha perdido.

Lo que asombra tanto es que Asa volvió a cometer el mismo error tan solo tres versículos más tarde: "En el año treinta y nueve

> de su reinado, Asa enfermó gravemente de los pies, y en su enfermedad no buscó a Jehová, sino a los médicos. Y durmió Asa con sus padres, y murió en el año cuarenta y uno de su reinado" (2 Crónicas 16:12-13, RVR60).
>
> ¿Puedes ver el patrón de acción? El autor intenta comunicar en esta historia una lección de máxima importancia. Asa pidió ayuda a los ejércitos extranjeros y no al Señor. Y como resultado heredó guerra perpetua. Acudió a médicos y no al Señor cuando se enfermó y, como resultado, heredó la muerte. Dios quería ayudar a Asá. Dios quería librarlo de sus enemigos. Dios quería curarlo de sus enfermedades. Pero por alguna extraña razón, como hacemos muchos, Asa ignoró a Dios en lo más importante de todo y como resultado, selló su propio destino.
>
> El último versículo del capítulo resume la vida de Asá con una frase que casi suena despectiva: "Y lo sepultaron en los sepulcros *que él había hecho para sí...*" (2 Crónicas 16:14). En esencia, Asa cavó su propia sepultura y clavó el último clavo de su ataúd puesto que insistió en acudir al brazo de carne y no al brazo del Señor. La desconsideración de Asa insultó a Dios, por lo que Dios lo entregó a lo que Asa más temía. Jeremías 17:5 dice: "Maldito el varón que confía en el hombre, y pone carne por su brazo, y su corazón se aparta de Jehová".[42]

Si estás buscando la voluntad de Dios para tu vida, eso significa que activamente estás orando y esperando en el Señor, escuchando su instrucción para conocer su voluntad. Tal vez no hayas oído una respuesta porque no formulaste la pregunta. Quizás preguntaste, pero no estuviste escuchando. Tal vez sea hora de apagar el televisor, guardar los videojuegos y pasar algo de tiempo de rodillas ante el Señor, leyendo su Palabra y escuchando su voz. Su promesa es: "Y me buscaréis y me hallaréis, porque me buscaréis de todo vuestro corazón" (Jeremías 29:13, RVR60).

Usa lo que ya tienes en la mano

Es interesante que cuando por fin se descubre aquello a lo que Dios nos ha llamado, muchas veces miramos hacia atrás y vemos que Dios fue poniendo desde temprano muchas cosas en nuestras vidas para prepararnos para ese llamado. Quizá se trate de un talento o capacidad natural.

O de determinados intereses. O de personas que tuvieron influencia en la dirección de ese llamado, incluso si en ese momento no lo reconocimos. Puede haber sido un hecho o experiencia que nos impulsó hacia el plan que Dios tenía para nuestras vidas. Hay algo que sí es cierto: Dios siempre nos prepara para aquello que tiene reservado para nosotros.

Si estás buscando la voluntad de Dios para tu vida, eso significa que activamente estás orando y esperando en el Señor, escuchando su instrucción para conocer su voluntad.

Si estás buscando la voluntad de Dios para tu vida, eso significa que activamente estás orando y esperando en el Señor, escuchando su instrucción para conocer su voluntad.

Cuando Dios llamó a Moisés para que liberara a los hijos de Israel del cautiverio en Egipto, el hombre se sintió abrumado. Su mente estaba llena de preguntas y no podía siquiera imaginar cómo empezaría a cumplir lo que para él era una hazaña imposible. Así que empezó a bombardear a Dios con preguntas, objeciones, cosas que le preocupaban. Pero Dios no le dijo: "No te preocupes, Moisés. Te digo lo que voy a hacer. Mira: primero voy a teñir el Nilo de color sangre, y luego voy a mandar una plaga de ranas, seguida de una plaga de piojos y una plaga de moscas. Luego mataré al ganado y enviaré llagas, granizo y langostas y todo eso, seguido de oscuridad, y de la muerte de los primogénitos. Y cuando hayas salido de Egipto partiré el Mar Rojo y te guiaré por el desierto con una columna de nube durante el día y una columna de fuego por las noches". Estoy seguro que una revelación tan detallada del plan de Dios habría consolado mucho a Moisés. Pero cuando Moisés le preguntó a Dios tantas cosas, desesperado, sobre cómo iba a liberar a su pueblo, Dios le respondió con otra pregunta: "Moisés, ¿qué tienes en la mano?", y Moisés respondió: "Una vara".

Medita por un minuto en lo absurdo de lo que Dios le pedía a Moisés que hiciera. Estaba enviando a ese vagabundo fugitivo al imperio más poderoso del mundo para liberar a su pueblo. Y las únicas armas y municiones que tenía Moisés ¡no eran más que un palo! A lo largo de toda la historia de Éxodo, todos los milagros, maravillas y la épica que transformaría al mundo, ¡Moisés no tuvo otra cosa más en su mano que un palo! Pero cuando Moisés hizo lo que sabía que tenía que hacer, cuando usó lo que tenía en la mano, empezó a revelarse y desenvolverse el resto de la historia y cada suceso dio lugar al siguiente, como un efecto dominó que fue desembocando poco a poco a lo largo de todo el camino en la Tierra Prometida.

Haz un inventario de toda tu vida en este momento para ver qué tienes en la mano en este punto. Tal vez sea gente, o relaciones, o intereses, u oportunidades, ideas o sueños. Lo más probable es que las semillas de tu futuro ya estén sembradas en el suelo de tu vida. Pídele a Dios que te dé la sabiduría que te permita discernirlas; y luego sé diligente, y riégalas, y ten paciencia para esperar la cosecha.

Ayuda a otros a concretar la visión que Dios les dio

Mientras esperas en Dios para concretar tu visión, o incluso si no sabes todavía a qué te está llamando Dios, pon a trabajar la ley de la siembra y la cosecha. Encuentra a quien tenga una visión que le haya dado el Señor, e invierte en la visión de esa persona como si fuera tuya. Da de tu tiempo, tu energía y tus recursos para que esa persona pueda avanzar. Descubrirás que cuando siembras en la visión de otros, pronto empiezas a cosechar una visión para tu vida.

Sé fiel, dondequiera que estés

Las grandes empresas solían "cazar talentos" para encontrar geniales ejecutivos de prestigiosas universidades u otras compañías exitosas para las posiciones superiores. Pero cada vez más, veo que muchas compañías grandes están implementando la política de promover a quienes ya están trabajando para ellos. Buscan a gente talentosa que ya esté con ellos, personas que han demostrado ser confiables, que han ido ascendiendo con esfuerzo, incluso desde puestos inferiores. Ese es el método de promoción que Dios siempre prefirió. Dios busca gente fiel a quien pueda promover y bendecir. Nos pone a prueba con pequeñas tareas para ver cómo reaccionaremos y cuando hemos probado qué podemos hacer, nos va dando responsabilidades mayores.

Moisés tuvo una de las posiciones de liderazgo más importantes de la historia. Se le asignó el desafío de liderar a toda una nación —y nada menos que al pueblo escogido de Dios— para que cruzaran el desierto y fueran a la Tierra Prometida. Lo interesante es ver que antes de que Dios asignara a Moisés a una posición tan importante, ya le había dado una tarea similar, a una escala mucho menor. En vez de guiar a un pueblo por el desierto, ¡guió a un rebaño de ovejas sucias y apestosas por ese mismo desierto, durante cuarenta años! ¿Cómo podría haberle confiado Dios su pueblo, si Moisés no hubiera probado primero su fidelidad con las ovejas?

Vemos este principio en las enseñanzas de Jesús, una y otra vez. En la parábola de los talentos, Jesús le dice al siervo que había duplicado su inversión: "Bien, buen siervo y fiel; sobre poco has sido fiel, sobre mucho te pondré; entra en el gozo de tu señor" (Mateo 25:21). En otra parábola Jesús dijo: "El que es fiel en lo muy poco, también en lo más es fiel; y el que en lo muy poco es injusto, también en lo más es injusto" (Lucas 16:10). Compara la capacidad del sirviente para administrar dinero con su capacidad para administrar "verdaderas riquezas": "Pues si en las riquezas injustas no fuisteis fieles, ¿quién os confiará lo verdadero? Y si en lo ajeno no fuisteis fieles, ¿quién os dará lo que es vuestro?" (Lucas 16:11-12).

El salmo 75:6-7 dice: "Porque ni de oriente ni de occidente, ni del desierto viene enaltecimiento. Mas Dios es el juez; a éste humilla, y a aquél enaltece". Las Escrituras son claras: la promoción no viene del plano horizontal, del este o el oeste. Es decir que no son los hombres quienes originan la promoción. Tampoco proviene del sur, así que el diablo no es fuente u origen de promoción. Si la promoción no viene ni del sur, ni del este, ni del oeste, sabemos por el proceso de eliminación de dónde proviene: ¡del norte! ¡Mira hacia arriba! Dios es el que promueve. Y promueve a los que son fieles.

Capítulo 19

¿QUÉ PASA SI HACE MUCHO TIEMPO QUE ESTOY ESPERANDO?

En este capítulo quiero hablarles a dos grupos distintos de personas: quiero dirigirme a los que han estado buscando la voluntad de Dios durante mucho tiempo pero todavía no han podido descubrirla y a los que sienten que conocen cuál es la voluntad de Dios pero hace mucho tiempo que esperan su concreción.

Ante todo, a los que han estado buscando la voluntad de Dios durante mucho tiempo pero no la han descubierto, quiero presentarles un desafío, una pregunta y unas palabras de ánimo.

El desafío: Es importante señalar que existe una gran diferencia entre buscar la voluntad de Dios y el solo hecho de esperar que algo suceda. La palabra *buscar* implica acción, no pasividad. Los que están buscando la voluntad de Dios activamente anhelan la guía de Dios y están atentos ante las oportunidades para servir, para ayudar a otros a cumplir las visiones que Dios les ha dado, para ser fieles dondequiera que se encuentren en el momento (como ya vimos en el capítulo anterior). Así que tienes que examinar tu corazón con sinceridad ante Dios y preguntarte si, a la luz de estas cosas, estás verdaderamente buscando la voluntad de Dios para tu vida o si tan solo esperas un "golpe de suerte". Porque hay una diferencia importante entre las dos cosas. Si puedes decir con franqueza que estás buscando la voluntad de Dios activamente, como se explicó anteriormente, pero todavía no la has descubierto, tengo dos cosas que decirte.

La pregunta: ¿Es posible que ya hayas descubierto la voluntad de Dios para tu vida pero que no hayas querido reconocerla como tal? A veces pasamos por alto algo que tenemos delante de nuestros ojos porque lo que buscamos no se ve como esperamos, tiene un aspecto distinto a lo que pensábamos. Quizá estés buscando un gran ministerio y el reconocimiento mundial pero, en vez de eso, el Señor quiere que trabajes tras el escenario. Tenemos que ser receptivos a la posibilidad de que lo que Dios tiene para nosotros puede no tener el aspecto que esperamos, y que por eso es que no lo hemos hallado todavía. Si es ese el caso, no te desanimes. Si confías en Dios y sigues su voluntad dondequiera que te lleve, encontrarás que al final serás mucho más feliz que si hubieras obtenido lo que querías originalmente. Tu Padre sabe más. Si confías en que puedes reconocer la voluntad de Dios, entonces quiero animarte a que sigas buscando con todo el corazón.

El aliento: Si sigues buscando activamente la voluntad de Dios para tu vida, no te frustres. Sigue buscando y, por cierto, la hallarás. No permitas que el enemigo plante en tu corazón semillas de desaliento. Solo sigue, con más y más determinación, con la audacia de los niños, buscando hasta que la encuentres.

A veces pasamos por alto algo que tenemos delante de nuestros ojos porque lo que buscamos no se ve como esperamos.

No hace mucho estaba con mis hijos en un centro comercial. Pasamos por una tienda donde mi hijo sabe que hay un complejo tren eléctrico con el que le encanta jugar. Me preguntó si podíamos pasar por allí para jugar un rato antes de que saliéramos del centro de compras y le dije que sí. Minutos después volvió a preguntármelo. Y nuevamente un poco más tarde, y así una y otra vez. Todo el tiempo que estuvimos allí preguntó sin cesar hasta que al fin dejé de prolongar lo inevitable y dije: "Bien, vamos a jugar con el tren". Mientras íbamos hacia la tienda me dijo: "Papá, te lo pregunté muchas veces porque en verdad quiero jugar con ese tren. ¿Puedo beber algo?". Habiendo obtenido uno de sus pedidos, ¡de inmediato pasaba al siguiente!

Sé que no soy el único padre que tiene un hijo persistente. Parece que es una cualidad con la que vienen todos los chicos. Pero lo creas o no, no me molesta. Es más, creo que todos podríamos aprender de eso. Es probable que a Jesús también le pareciera bien.

En Mateo 7:7-8 Jesús está enseñando que tenemos que pedir, buscar y llamar a la puerta. Pero lo importante es que notemos que en griego las palabras implican acción continua. "Pidan [pidiendo], y se les dará; busquen [buscando], y encontrarán; llamen [llamando], y se les abrirá. Porque todo el que pide [pidiendo], recibe; el que busca [buscando], encuentra; y al que llama [llamando], se le abre" (corchetes añadidos).

Sigue pidiendo. Sigue buscando. Sigue llamando. Sigue. Así como mi hijo, que pedía jugar con el tren, y luego pedía beber algo, y pedía… bueno, de todo. Es interesante que en el siguiente versículo Jesús declara: "¿Quién de ustedes, si su hijo le pide pan, le da una piedra?" (v. 9). Vemos aquí que el Maestro usa este tipo de persistencia en el contexto de, precisamente, lo que haría un niño.

Un día se me ocurrió de repente que los niños son persistentes porque tienen que serlo. Porque son criaturas dependientes. Cuanto más pequeños son, más necesitan; y por eso, para poder sobrevivir, tienen que dominar el arte de la persistencia. Mi hijo pide sin cesar porque me ve como su proveedor. Si no le doy agua tendrá sed. Si no lo alimento morirá de hambre. Soy el que le provee techo, ropa, protección, recreación, de todo. Persiste porque tiene que hacerlo para poder sobrevivir. Tiene derecho a ser persistente.

Mi hijo acude a mí sin dudarlo, sin aprehensión. Pide con justa audacia. No se desanima ni abandona si no recibe enseguida lo que pidió. Simplemente vuelve a pedir. Y cada vez que pide, espera recibir de la misma manera en que lo esperó la primera vez. Su búsqueda asombrosamente es simple, confiada. Yo diría que es un maravilloso ejemplo de lo que es la fe.

Sin embargo, cuando vamos creciendo y madurando, los demás ya no están tan dispuestos a darnos lo que necesitemos solo porque se lo pidamos. Tenemos que ganarnos el pan, ascender la escalera del éxito. Para poder sobrevivir tenemos que perder nuestra dependencia y dominar la autosuficiencia. Cuando empezamos a depender de nosotros mismos detestamos pedir lo que sea. No queremos molestar, ni vernos como presuntuosos. Si tenemos que pedir algo lo hacemos con timidez, y renuentes a pedir por segunda vez.

Por eso muchos cometen el error de acudir a Dios con esa actitud de adulto digno y autosuficiente. Piden, pero con cautela, siendo elocuentes, lógicos y razonables. Y si no ven una respuesta enseguida, suponen que no era voluntad de Dios y entonces dejan de pedir. O se ofenden, se sienten frustrados y se desaniman.

> Si confías en Dios y sigues su voluntad dondequiera que te lleve, encontrarás que al final serás mucho más feliz que si hubieras obtenido lo que querías originalmente.

Sin embargo, el premio es para los que se atreven a aferrarse al cielo con confianza plena, sin miramientos. No hablo de la arrogante presunción sino de la confianza y certeza de un niño. Abandona tu asombroso intelecto, tu orgullosa lógica, tu engañosa dependencia de tu propia capacidad, y amígate con tu completa y total dependencia de lo que tu Padre es para ti. Entiende que como hijo o hija de Dios, ese es tu único argumento para acudir a él, tu Padre. Y que tienes por derecho el privilegio de pedir, y que a Dios le deleita divinamente responder. Por eso, pide con audacia, con confianza, con persistencia.

Sigue pidiendo, como el niño le pide pan a su padre. Sigue llamando a la puerta, como lo hizo la viuda con el juez injusto en Lucas 18. Mantente buscando, como si buscaras una perla de gran precio (Mateo 13:45-46). Empuja con fuerzas venciendo la resistencia, como lo hizo la mujer que sufría de hemorragia (Marcos 5:25-34). Apóyate en la Palabra como el que avanza en contra del viento y aférrate a sus promesas como se aferra el perro a un hueso sabroso. Pide lo que es tuyo. No le des descanso a Dios ni de día ni de noche hasta que su respuesta surja como el agua que con fuerza rompe un dique, de modo que haga florecer tu desierto como una rosa. Si la respuesta no llega de inmediato, no te desanimes ni te frustres. Expectante y con confianza eleva tu mirada a las colinas y pide, pide, pide una y otra vez. Sigue pidiendo. Sigue buscando. Sigue llamando. Persiste hasta que recibas, ¡y lo recibirás en el nombre de Jesús!

No te rindas

Si crees que ya conoces la voluntad de Dios contigo pero has estado esperando su concreción por mucho tiempo, quiero animarte con estas palabras de Habacuc 2:2-3, cuando Dios le dijo a Habacuc: “Escribe la visión, y haz que resalte claramente en las tablillas, para que pueda leerse de corrido. Pues la visión se realizará en el tiempo señalado; marcha hacia su cumplimiento, y no dejará de cumplirse. Aunque parezca tardar, espérala; porque sin falta vendrá".

Lo importante que tienes que recordar es que ahora estás plantando las semillas que determinarán cuál será tu cosecha mañana. Tu actitud es una semilla. Tu tiempo es una semilla. Tus oraciones son semillas. Una de las razones más comunes por las que muchos se frustran es que empiezan plantando buenas semillas (como las que mencionamos en el capítulo anterior sobre qué hacer mientras buscas la voluntad de Dios), pero luego no ven los frutos que quieren ver. Te lo explicaré.

Hace un tiempo decidí que ya era hora de volver a estar en forma. Me compré unos videos con ejercicios, que me habían recomendado mucho, y el primer día de mi nuevo régimen mi hijo de seis años, mi hija de cuatro años y su madre, decidieron que se me unirían en ese plan de ejercicios físicos. Los cuatro empezamos con el precalentamiento, preparándonos juntos para una sesión de vigorizantes ejercicios de gimnasia. Habían pasado tan solo cinco minutos del video —todavía era la parte del estiramiento—, cuando mi hijo me miró muy entusiasmado y dijo: "Mira, papá. ¡Casi ya tienes músculos! ¡Mira tus codos!".

Mi esposa y yo reímos de buena gana, pero nuestro pequeño jamás entendió qué era lo que parecía tan gracioso. No pude quitarle la ilusión explicándole que no es así como funciona. Que lleva mucho tiempo, muchos pasteles, muchos períodos de actividad sedentaria excesiva y falta de determinación el llegar al estado en que me encontraba. Y que estar en forma, perder peso y formar músculos tampoco sucede de la noche a la mañana, y mucho menos tras unos minutos de precalentamiento. No vivimos en una granja, así que mi hijo va aprendiendo los principios de la siembra y la cosecha de otro modo. Por desdicha, hay muchos adultos que todavía no logran entender esos principios.

Cuando era pastor, un miembro de la iglesia recientemente salvo se me acercó tras el servicio de una mañana dominical. Obviamente estaba confuso o molesto y quería hablarme. Me dijo: "Pastor, la Biblia dice que 'pongamos a prueba a Dios' con el diezmo y la ofrenda, y eso es precisamente lo que hice". Luego me explicó que antes de convertirse y empezar a asistir a la iglesia su familia había pasado por una época de grandes dificultades económicas. Pero que ahora que iba aprendiendo la Biblia había leído la garantía de Malaquías en cuanto a que las "ventanas del cielo" se abrirían para los que dan.

El domingo anterior había decidido "probar a Dios", y vació sus bolsillos en el plato de la ofrenda. Era su primera ofrenda. Pero a la semana siguiente no le fue como él esperaba. Sus dificultades económicas no se habían resuelto y le preocupaba que hubiera algún error en la Biblia. Había sembrado una semilla sin cosechar nada.

La equivocación de ese hermano era básicamente falta de entendimiento en cuanto a cómo opera la siembra y la cosecha, algo parecido a lo que esperaba mi hijo al mirarme los codos y pensar que ya tenía músculos tallados a cinco minutos de empezar a hacer ejercicio. Le expliqué a ese caballero que lo que hoy cosechamos no es resultado de lo que sembramos hace unas horas nada más.

Que lo que cosechamos hoy es lo que plantamos hace meses, o incluso años, en otra época. Así también las semillas que plantamos hoy no necesariamente estarán listas para la cosecha al día siguiente, o siquiera para el domingo siguiente.

Imagina conmigo lo que habrá sido la vida de pequeño en una granja israelí en la antigüedad. Con los largos meses del invierno las reservas de grano quedan reducidas a unos estantes vacíos, y la familia tiene que vivir de magras raciones, soñando con una hogaza de pan recién salida del horno. De repente empieza a llover, los campos polvorientos se convierten en ríos y entonces el padre le dice a su hijo: "Vamos, ha llegado el momento de sembrar". Salen juntos para ir al granero. El padre sube hasta lo alto, donde guarda enormes sacos de grano.

"¡Padre!", dice el pequeño. "¡Ahora podemos hacer pan!", pero el papá responde: "No, hijo. Este grano no es para comer. Ven y te mostraré para qué es". Así que llena un saco con semillas y caminan en medio de los charcos, hasta el medio del campo y entonces el padre hace la cosa más absurda: ¡arroja algunos puñados de semillas al agua! Esa noche, durante la cena, el niño come muy poco, una porción mínima, y se pregunta por qué su papá tiró todas esas semillas. Pasarán muchas semanas antes de que lo entienda, pero un día cuando las aguas bajan el pequeño saldrá de casa y verá un milagro: campos llenos de brotes diminutos que asoman y crecen mirando al cielo, para producir una cosecha de grano dorado. A esa antigua técnica agrícola se refería Salomón cuando dijo:

"Lanza tu pan sobre el agua; después de algún tiempo volverás a encontrarlo" (Eclesiastés 11:1).

Cuando tienes hambre es muy difícil echar grano perfectamente bueno al agua, pero más difícil resulta esperar muchos días hasta la cosecha. Por eso Pablo nos alienta y anima, diciendo: "No nos cansemos de hacer el bien, porque *a su debido tiempo* cosecharemos si no nos damos por vencidos" (Gálatas 6:9, énfasis añadido).

Asombra y enseña el pensar en que todo el tiempo estamos plantando semillas. La siembra y la cosecha no están limitadas a poner dinero en el plato de la ofrenda. Esa hamburguesa que comiste, esa película que viste, ese comentario que hiciste, ese tiempo que pasaste con tu familia, ese libro que leíste... todo lo que haces es una semilla que producirá una cosecha (buena o mala) en el futuro. Cuídate de lo que plantes en esta estación porque es lo que comerás en la próxima.

Al final, nuestras vidas son la suma total de las decisiones que fuimos tomando, una cosecha de lo que sembramos, podríamos decir. No puedes cambiar la cosecha de hoy sembrando semillas buenas hoy mismo. Pero si hoy decides que plantarás las semillas justas, día tras día, "a su debido tiempo" cosecharás, si no te das por vencido.

Si has estado esperando por mucho tiempo y todavía no has visto el cumplimiento de la promesa de Dios para tu vida, sigue sembrando semillas buenas y cuídate de la impaciencia. Deja que Dios opere en tu corazón, tal como él quiere obrar. Los hijos de Israel anduvieron en círculos por el desierto por décadas porque no aprendían su lección. Hay personas que siguen andando en círculos porque nunca aprenden lo que Dios está tratando de enseñarles. Nunca pasan a la siguiente fase, porque nunca pasan la prueba. Deja ya de quejarte y sentir autocompasión, y deja de tratar de pasar esta etapa lo más rápido posible. Sé fiel. Sé paciente. Cuando pases la prueba, Dios te guiará para que avances.

Capítulo 20

¿CÓMO LOGRO PERMANECER EN LA VOLUNTAD DE DIOS?

"¡Ah!, es grandioso creer en el sueño mientras en la juventud estamos junto al brillante arroyo. Pero más grandioso es luchar a lo largo de la vida y al final decir que ¡el sueño se concretó!".[43] Son palabras del poeta estadounidense Edwin Markham. Un hombre mucho más sabio, el rey Salomón, lo dijo así: "Mejor es el fin del negocio que su principio" (Eclesiastés 7:8). Es maravilloso de veras descubrir la voluntad de Dios, pero más maravilloso es permanecer en ella el resto de tu vida y decir al final: "Hice la voluntad de Dios".

Cuando el apóstol Pablo se acercaba al final de su existencia, tras cumplir el plan de Dios, pudo decir con confianza y seguridad: "Porque yo ya estoy para ser sacrificado, y el tiempo de mi partida está cercano. He peleado la buena batalla, he acabado la carrera, he guardado la fe. Por lo demás, me está guardada la corona de justicia, la cual me dará el Señor, juez justo, en aquel día; y no sólo a mí, sino también a todos los que aman su venida" (2 Timoteo 4:6-8). Ahora que llegamos al final de este libro, oro sinceramente que no solo descubras la voluntad de Dios sino que un día también oigas de labios del Maestro esas palabras que tanto anticipamos: "Bien hecho, siervo bueno y fiel".

Causa mucha pena ver que no todos los que comienzan la carrera la terminen. Suele hacer muchas bajas a lo largo del camino.

Mientras escribo este último capítulo le pido al Espíritu Santo que me ayude a comunicarte una palabra que te ayude a seguir en curso para que cumplas todo lo que Dios tiene reservado para tu vida.

Quédate en tu terreno de lentejas

En 2 Samuel 23 leemos sobre los "hombres fuertes" de David, una milicia reducida pero de guerreros extraordinariamente diestros. No era un gran ejército, pero sí era duro y fuerte como una unidad de fuerzas especiales altamente entrenada. Eran asombrosamente profesionales en el uso de sus armas y, de hecho, la Biblia dice que con sus hondas podían partir un cabello ¡con la mano izquierda! (ver 2 Crónicas 12:2). El capítulo describe en mayores detalles las hazañas de un puñado de hombres de ese grupo, ¡los mejores de los mejores!

Esos hombres eran como superhéroes de la vida real. Comparado con ellos, Rambo parecería una niña exploradora. Uno de ellos se llamaba Adino: "Éste era Adino el eznita, que mató a ochocientos hombres en una ocasión" (v. 8). "Y Abisai… alzó su lanza contra trescientos, a quienes mató" (v. 18). Benaía, hijo de Joiada: "mató a dos leones de Moab; y él mismo descendió y mató a un león en medio de un foso cuando estaba nevando. También mató él a un egipcio, hombre de gran estatura; y tenía el egipcio una lanza en su mano, pero descendió contra él con un palo, y arrebató al egipcio la lanza de la mano, y lo mató con su propia lanza" (vv. 20-21). Aunque de los hombres fuertes de David, mi preferido es Sama.

> Después de éste fue Sama hijo de Age, ararita. Los filisteos se habían reunido en Lehi, donde había un pequeño terreno lleno de lentejas, y el pueblo había huido delante de los filisteos. Él entonces se paró en medio de aquel terreno y lo defendió, y mató a los filisteos; y Jehová dio una gran victoria.
>
> —2 Samuel 23:11-12, RVR60

Hay algunos estudiosos que creen que Sama, mencionado en 2 Samuel, podría ser el mismo hombre al que Jueces 3:31 llama Samgar ¡que mató a seiscientos filisteos con una aguijada de bueyes! Más allá de que sea el mismo o no, hay algo que está claro: Sama obtuvo una victoria increíble contra todos los obstáculos y con su coraje y valor Dios produjo un gran triunfo para Israel. Veamos su historia.

Era un día común y corriente en Israel. La gente se ocupaba de sus cosas diarias, como siempre. En las afueras de la ciudad, en un campo lejano, un grupo de labradores cosechaba lentejas, en lo que era un año de poca producción. De repente, el terreno de lentejas quedó cubierto por la sombra de cientos de soldados filisteos que venían de las colinas, armados para la batalla. El temor encogió los corazones de la gente. Esos labradores solo eran campesinos armados con palas, hoces y otras herramientas de su oficio. Sabían que contra un ejército profesional no tendrían oportunidad alguna, por lo que permanecer en ese campo significaría una muerte casi segura. Así que miraron su terreno de lentejas, sobre una porción de tierra insignificante, y vieron que no valía la pena arriesgarse y arriesgar la vida para defender esa tierra. Dejaron sus herramientas y corrieron, buscando salvar sus vidas.

Si quieres esforzarte y cumplir la voluntad de Dios para tu vida: integridad, enfoque y perseverancia.

Habría sido ese el final de la historia pero, por desdicha para los filisteos, en ese campo había un hombre ese día que no era tan solo un campesino o labrador. Era un guerrero, uno de los "hombres fuertes" de David. Sama quizá fuera uno de los más grandes guerreros que haya habido y esta sería su batalla más gloriosa. Me gustaría tomar de la historia de Sama tres palabras sabias que creo te ayudarán a permanecer en la voluntad de Dios. Su historia revela tres cualidades que me parecen no negociables si quieres esforzarte y cumplir la voluntad de Dios para tu vida: integridad, enfoque y perseverancia.

Piensa en el comienzo en lo que importará al final

Sama, a diferencia de los campesinos sin entrenamiento que habían huido del campo, entendía algo de las tácticas de la guerra. Quizá ese terreno no fuera más que un pedazo de tierra sembrado con lentejas y nada más, pero ese ataque no era al azar sino muy estratégico. Tal vez los filisteos hubieran elegido ese terreno de lentejas porque pensaban que nadie iba a defender una tierra que no valía mucho y que podrían tomarla sin luchar siquiera. Pero en ese terreno los filisteos establecerían una fortaleza y una base de operaciones desde la que lanzarían ataques futuros contra la nación de Israel.

Cuando el enemigo viene a atacarte, no va a empezar por aquello que más cuidas. Va a atacar tu terreno de lentejas, esa cosa que calcula que ni te molestarás en defender, un lugar que piensa que estarás dispuesto a entregar, negociando. Y en ese lugar establecerá una fortaleza para apoderarse de tu vida. Estoy seguro de que ya has visto cómo es que sucede.

Una pareja recién casada está viviendo un enamoramiento tal que no pueden separarse ni un minuto. Pero años más tarde ha ocurrido una drástica transformación. Se odian y quieren divorciarse. Te preguntas como es que pasó. Te diré cómo fue. Pasó como con el terreno de lentejas. Salomón escribió: "Las zorras pequeñas… echan a perder las viñas" (Cantares 2:15). Un poquito de mentiras aquí, una pequeña falta de respeto allá, una palabra que hiere, una transgresión que no se perdona… y pronto la raíz de la amargura logra aferrarse hasta que poco después el enemigo ha logrado establecer una fortaleza en la relación de esa pareja. Desde esa zona negociada y entregada, seguirá atacando a ese matrimonio hasta arrasar con todo.

La integridad implica cuidar de las cosas pequeñas y vigilarlas, tanto como cuidas las cosas grandes. Sama tenía experiencia como guerrero y sabía que si dejaba que tomaran el terreno de lentejas, el enemigo pronto patearía su puerta de entrada. Tenía la feroz determinación de no ceder ni un centímetro ante los filisteos. Si podemos defender los terrenos de lentejas, esos lugares más pequeños e insignificantes de nuestras vidas, el enemigo no podrá poner su pie dentro y establecer su fortaleza. En lugar de ver lo cerca que podemos llegar al abismo del pecado sin caer, más nos vale evitar siquiera que aparezca el mal (1 Tesalonicenses 5:22).

En vez de preguntar: "¿Hasta dónde se puede negociar?", tenemos que buscar constantemente parámetros más elevados, para ser cada vez más como Jesús. Bajo la ley el asesinato se condenaba, pero Jesús dijo que odiar es asesinar. Bajo la ley se condenaba el adulterio, pero Jesús dijo que la lujuria es adulterio. Jesús entendía que el asesinato crece a partir de la semilla del odio y que el adulterio brota de la semilla de la lujuria. Una vez plantada la semilla nace el árbol, un retoño todavía. Mejor es aplastar las semillas del pecado antes de que puedan plantarse, y no tener luego que echar abajo un enorme árbol robusto con compulsiones malas y adicciones dañinas. Susanna Wesley le dijo al joven John Wesley esta palabra sabia: "Si quieres juzgar si el placer es legal o no, adopta esta regla sencilla: lo que debilite tu razón y afecte la ternura de tu conciencia, oscureciendo tu sentido de Dios y quitándote el deleite de las cosas espirituales, eso será pecado para ti".[44]

La integridad significa ser brutal con el pecado. Cuando los filisteos invadieron aquel terreno de lentejas, Sama no tiró sus armas diciendo: "Vengan, muchachos. ¿Podemos hablar de eso? Veamos si logramos negociar un arreglo de mutuo acuerdo". Sama no levantó la bandera blanca ante los filisteos, sino la aguijadora que se usa para azuzar a los bueyes. No había ido a hablar, sino a pelear. Para ser hombres y mujeres de integridad, no lo seremos por accidente. La integridad requiere de determinación y ferocidad. Lo vemos demostrado en Job cuando dijo: "Hasta que muera, no quitaré de mí mi integridad. Mi justicia tengo asida, y no la cederé; No me reprochará mi corazón en todos mis días" (Job 27:5-6).

Ser íntegro significa hacer lo correcto, incluso cuando todos te abandonen. Sama estaba solo en ese campo. Seguramente le habría gustado estar codo a codo con alguno de sus poderosos compañeros de la milicia de David. Pero no estaban allí. Los campesinos habían huido, dejando a Sama sin apoyo moral siquiera. Estaba solo, pero defendió su terreno.

Ser íntegro significa hacer lo correcto incluso cuando nadie te ve. Sama no peleó contra los filisteos porque quería convertirse en célebre guerrero. El resto de los israelitas lo habían dejado solo. No luchaba como un gladiador en la arena ante una multitud de fanáticos que vitoreaban. Pero de alguna manera, miles de años después, seguimos hablando de su gloriosa batalla. Se corrió la voz y todo el mundo se enteró de lo que pasó en ese ignoto terreno de lentejas. Jesús dijo: "Porque nada hay encubierto, que no haya de descubrirse; ni oculto, que no haya de saberse. Por tanto, todo lo que habéis dicho en tinieblas, a la luz se oirá; y lo que habéis hablado al oído en los aposentos, se proclamará en las azoteas" (Lucas 12:2-3). El carácter moral es lo que eres cuando nadie te ve. En ese momento eres lo que eres en realidad.

Casi todo el tiempo los defectos del carácter se ocultan tras la superficie y son invisibles para el observador casual. Nos cuidamos mucho de que nadie vea nuestros defectos o problemas. Pero si no nos ocupamos de esas infecciones invisibles, podrán madurar hasta convertirse en enfermedades a la vista de todos.

Hace años un predicador de alto perfil se vio envuelto en un escándalo muy público que causó gran dolor y vergüenza, tanto para él como para su familia, al punto que arruinó su ministerio y fue una desgracia para el cuerpo de Cristo. Después de que los noticieros nacionales revelaran su actividad ilícita, su congregación no podía creerlo, quedaron impactados cuando el domingo por la mañana ofreció su disculpa, comenzando de esta manera: "Lo siento. Lo siento por la desilusión, la traición y el dolor. Lo siento por el horrible ejemplo que les ha dado. Siento una tristeza abrumadora que consume mi corazón, por el dolor que ustedes, mi familia y yo hemos pasado en los últimos días. Lo siento mucho por las circunstancias que les causaron a todos tanta vergüenza".

¿Cómo puede un hombre a quien Dios usó con tanto poder caer de esa manera? Fue sucediendo como con el terreno de lentejas, uno por uno, a partir de un área de la vida aparentemente sin importancia y sin protección, que no consagramos a Dios. Y luego, otra más. Una negociación por aquí, una imaginación lujuriosa por allá. Cada una de esas concesiones se ve como poco importante, sin consecuencias. El pecado comienza como una mascota pequeña y adorable, pero va creciendo hasta convertirse en una bestia insaciable. A medida que la alimentas, se hace más grande, más hambrienta. Se hace más difícil la gratificación y poco después esa mascota se convierte en tu amo. Al final, o tienes que matar a la bestia o la bestia te matará a ti. El diablo tiene mucha paciencia. Está dispuesto a esperar a que el pecado madure, a veces durante muchos años. Una vez que el enemigo ha logrado establecer una fortaleza en la vida de alguien, no se detendrá hasta haber destruido a esa persona… o hasta que la persona destruya la fortaleza.

Imagínate si ese ministro pudiera haberse oído a sí mismo dando ese discurso muchos años antes de ese escándalo público. Figúrate si hubiera podido ver el futuro y se hubiese visto ese fatídico domingo por la mañana diciéndole a su llorosa congregación: "Soy un farsante, un mentiroso…". Imagínate, si pudiera haber visto la tristeza y el dolor que resultarían de esas primeras y pequeñas negociaciones que lo llevaron a entregar un poco. ¿Qué, si hubiera podido ver las lágrimas en los ojos de su esposa y sus hijos? Si hubiera podido ver el final desde el principio, creo que en su alma se habría levantado una ira justa y habría defendido su territorio, luchando por cada centímetro de terreno.

Jamás olvidaré un sermón que oír cuando estaba en el seminario. El presidente de nuestra universidad, el Dr. Michael L. Brown, predicó sobre una fascinante palabra que aparece sesenta y una veces en las Escrituras hebreas: *acharit*. No hay un equivalente preciso en otros idiomas, pero su significado literal es "el final definitivo". Habla de lo que viene luego y no se ve, lo que vendrá, el final ulterior.[45] La encontramos en el Salmo 37:37-38: "Considera al íntegro, y mira al justo; porque hay un final [*acharit*] dichoso para el hombre de paz. Mas los transgresores serán todos a una destruidos; la posteridad [*acharit*] de los impíos será extinguida".

El monje alemán Thomas à Kempis es conocido por haber dicho: "Feliz el hombre que tiene ante sus ojos en todo momento la hora de su muerte".[46] Si hubiera sido hebreo, probablemente habría dicho: "Feliz el hombre que tiene ante sus ojos en todo momento la hora de su *acharit*". Habría sido mejor esa cita porque hay un final tras la hora de nuestra muerte, más allá de la tumba.

Hace poco oí decir a alguien que le había impresionado leer los obituarios y ver que aparecía su nombre. Aparentemente en su ciudad había alguien que se llamaba igual. Pero cuando ese hombre vio su nombre entre los de los fallecidos, realmente le hizo pensar en el final de su propia vida. Imagina que tienes la oportunidad de escribir tu propio obituario. ¿Qué pondrías? ¿Qué te gustaría que dijese? ¿Te has detenido a pensar en tu *acharit*?

El evangelista Reinhard Bonnke me dijo que cuando era muchacho estuvo de rodillas ante el altar en una reunión de oración de pastores, junto a un anciano servidor de Dios. Oyó que el hombre lloraba mientras le pedía a Dios que le perdonara las cosas impuras que había permitido que entraran en su vida. El joven evangelista se sintió profundamente conmovido. Dice el reverendo Bonnke que se corrió de lugar, donde nadie pudiera oírlo, y que clamó a Dios: "Señor, ayúdame a pensar en el principio en lo que importa al final".

Hoy, mientras escribo este libro, el evangelista Bonnke tiene setenta y dos años de edad y jamás se ha visto envuelto en un escándalo ni cosa parecida. Una vez oír que le preguntaban: "¿Hay algo de su vida que haría de manera diferente?". Y él dijo: "No. No tengo remordimientos". ¡Es un maravilloso ejemplo para la próxima generación!

Ah, caros amigos, que nuestros corazones se propongan vivir de modo tal que no tengamos que llorar en el *acharit* por cosas impuras y pecados que hayamos permitido que entraran en nuestro ser. Pablo dijo: "Os ruego que andéis como es digno de la vocación con que fuisteis llamados" (Efesios 4:1, RVR60). Decidamos llevar una vida digna del llamado de Dios, una vida de integridad, pensando desde el principio en lo que importará al final.

No te distraigas

Pienso que es interesante que 2 Samuel 23:12 nos diga con exactitud dónde se posicionó Sama estratégicamente. Allí dice: "Se paró en medio de aquel terreno". No estaba en la orilla. No estaba en alguna de las esquinas. Se paró en el medio. He visto a muchos que son llamados a un campo en particular pero que con los años se distraen. Pierden la concentración y se alejan del centro hacia las orillas de su campo, y hasta a veces se desvían y entran en otros campos en los que no se los ha llamado a servir. Si quieres permanecer en el centro de la voluntad de Dios para tu vida tienes que decidir que vas a pararte en el medio del campo al que él te llamó y mantener la concentración, sin permitir que el enemigo te distraiga de ese llamado.

Hace varios años prediqué en Madrid, España, en un estadio que se usaba para corridas de toros. Quería vivir la experiencia cultural completa, así que la noche antes de que comenzara nuestra campaña fui a ver mi primera (y única) corrida de toros. Jamás olvidaré esa experiencia puesto que se convirtió en una poderosa lección para mi vida.

Esa noche fui testigo de la muerte brutal de media docena de toros. Casi todos habían sido criados lejos de la civilización y rara vez habían visto seres humanos. Cuando los largaban en la arena, en medio del ruido, se enojaban y buscaban un objetivo para atacar. Y allí, en medio de la arena estaba el torero, el matador, que agitaba su capa hasta que el toro enfurecía.

Tienes que entender que para el torero se trata de un deporte extremadamente peligroso. Esos toros no están domesticados y, en esencia, son toros salvajes, máquinas de matar que pesan quinientos kilos. Con toda facilidad pueden aplastar o asfixiar al hombre que agita su capa, hasta que muera. Pero el torero tiene un arma secreta: la distracción.

El toro intenta atacar al torero una y otra vez mientras se acerca a su oponente cada vez más. Pero justo cuando el toro está por darle, aparece de repente otro hombre desde uno de los costados, le clava al animal una lanza y sale corriendo. El toro se da vuelta para ver a su sorpresivo atacante y empieza a avanzar hacia él, cuando aparece otro hombre desde el otro lado y le clava otra lanza más y también sale corriendo.

De la dura piel del toro cuelgan las lanzas y aunque está sangrando, sus heridas no son mortales. El toro es un animal extremadamente recio y duro. Pero ese ataque desde la periferia tiene un propósito muy importante. Distrae al toro de su blanco principal: el matador. Si el toro pudiera mantener su atención en el blanco, por cierto es casi seguro que ganaría todos los enfrentamientos. Pero su blanco cambia todo el tiempo, de distracción en distracción. Lo que el toro no sabe es que está corriendo una carrera contra el reloj. Porque la sangre que mana de sus heridas empieza a debilitarlo. Mientras pasan los minutos el toro se vuelve más débil, más lento, menos enfocado y al final cae en la arena. Allí, el matador avanza para darle el golpe mortal.

Por medio del Espíritu Santo estamos equipados para tener vidas fructíferas y efectivas, cumpliendo todo lo que Dios tiene para nosotros. El diablo no es rival para el Espíritu de Dios, que vive en nosotros. Aquel que está en nosotros es más grande que el que está en el mundo. Pero al igual que el torero, el enemigo cuenta con el arma secreta de la distracción. Si el diablo no logra detenernos, intentará desviarnos, primero con una distracción y luego con otra. El diablo sabe algo que muchas veces olvidamos: corremos una carrera contra el reloj. Así como las heridas del toro sangran y lo debilitan, para nosotros el tiempo corre y se va terminando. Cada minuto que nos distraemos de lo que Dios nos ha llamado a hacer, es un minuto más cerca del final de la pelea. El diablo incluso usará cosas "buenas" como distracciones, con tal de mantenernos lejos de lo mejor que Dios tiene reservado para nosotros.

En Santiago 4:14 se describe nuestra vida como "neblina que se aparece por un poco de tiempo, y luego se desvanece". No alcanzan las horas del día paira hacerlo todo. No alcanzan los años de tu vida para vivir por todo. No alcanza la sangre de tus venas para sangrar por todo. Por eso es tan importante que elijas tus batallas con sabiduría, que no te distraigas y sacrifiques "lo mejor" en el altar de "lo que es bueno".

En 1 Corintios 9:24 Pablo nos alienta a correr la carrera de nuestras vidas. El que está corriendo para ganar enfoca la mirada en la línea de llegada, por lo que da todo de sí. El que corre para ganar es aquel que ha decidido dejar todo lo demás con tal de obtener el premio.

Reinhard Bonnke me contó que en una ocasión un periódico le había difamado con mentiras. Sus amigos, celosos de su reputación, le urgían a responder. Pero cuando oró, el Señor le habló y le dijo: "Tú eres obrero de mi cosecha. ¡No detengas la cosechadora tan solo para atrapar un ratón!".

Hay muchas buenas batallas por pelear afuera y al diablo le haría muy feliz que te involucraras en todas porque si puede hacer que te distraigas cazando ratones, podrá robarte tu cosecha. John Maxwell escribió: "Ahora que tengo sesenta años reflexiono y veo lo ingenuo que fui en mi juventud. Se me encoge el corazón al ver que en mi caja de herramientas de la experiencia solo tenía una cosa: un martillo. Y si solo tienes un martillo, todo se verá como clavos. Por eso yo golpeaba y martillaba. Peleé muchas batallas en las que no debí haberme involucrado".[47]

Hace años un amigo mío quedó fascinado con un debate doctrinal en particular. Aunque el tema no tenía gran consecuencia en la vida real, estaba tan seguro de que tenía razón que dio inicio a una discusión continua en la iglesia en la que trabajaba. El pastor veía que ese debate causaba más daño que bien, por lo que le pidió que lo dejara. Pero él se negó y prefirió renunciar a su empleo y su ministerio. No valdría la pena contar esta historia si solo hubiera visto esa situación en esa ocasión. Pero podría señalar a varias personas que hoy ya no están en el ministerio porque algo menor, pequeño, los desvió del camino. De alguna forma perdieron de vista la gran cosecha y empezaron a cazar ratones.

> Podrás tener dones y talentos extraordinarios, unción y bendición, pero sin persistencia tendrás poco impacto, ya que las grandes victorias siempre están al otro lado de las grandes batallas.

Pablo nos exhorta a evitar "las cuestiones necias, y genealogías, y contenciones, y discusiones acerca de la ley; porque son vanas y sin provecho"

(Tito 3:9). Notemos que Pablo no dijo que esas controversias, discusiones y peleas fueran cosas de pecado, sino que las llamó vanas y sin provecho. Incluso si algo no necesariamente es pecado, igual puede distraernos de lo que es importante. Por eso Pablo nos exhorta a no permitirnos la distracción sino a permanecer centrados en lo útil, lo provechoso.

He visto pastores pasando más tiempo en los proyectos de construcción de su iglesia que pastoreando a su gente. He visto ministerios de evangelistas a los que Dios llamó a predicar el evangelio de la salvación transformándose en organizaciones humanitarias. He visto personas con dones en áreas específicas que decidieron seguir caminos más lucrativos que les alejaron de su llamamiento. Estos son ejemplos de las formas en que el enemigo puede distraernos de la voluntad de Dios con nosotros. No es que las distracciones sean necesariamente algo malo. En efecto, a veces son cosas maravillosas. Pero si nos impiden lo mejor, que es hacer la voluntad de Dios, entonces el enemigo habrá ganado.

Hemos estado hablando mucho de la voluntad de Dios para tu vida pero recuerda que también el diablo tiene un plan para ti, y que su plan es hacer que no dé fruto, que seas ineficiente. Le encantaría que detengas tu cosechadora para ir a cazar ratones. Si no puede bloquearte intentará hacer que te desvíes. Intentará distraerte de tu misión. Ignóralo. Mantén tus ojos en el premio, sigue luchando en el medio de tu campo ¡y corre tu carrera de manera que ganes!

Jamás abandones

Cuando Sama se paró en el medio de aquel terreno de lentejas no estaba ahí pasando el tiempo, buscando dar un espectáculo de lucha para luego salir corriendo. Para Sama solamente había dos opciones: ¡ganar o morir! Así que defendió su terreno, el terreno de lentejas y 2 Samuel 23:12 nos cuenta el final feliz: "Jehová dio una gran victoria".

Todos queremos descubrir la voluntad de Dios para nuestras vidas pero cuando la descubrimos, ese no es el final ¡sino el comienzo! Cuando tienes la misión que Dios te ha asignado tienes que pararte en medio de tu campo y pelear hasta que Dios te dé la victoria. Para eso te hará falta una cualidad que no muchos parecen tener: la perseverancia.

En Efesios 6 se nos manda: "Vestíos de toda la armadura de Dios" (v. 11). Pero los versículos 13 y 14 dicen algo importante: "habiendo acabado todo, estar firmes". Es decir que cuando hayas hecho todo lo necesario para estar firme, te falta hacer algo más: ¡estar firme! Eso es lo que muchos no logran hacer. Se esfuerzan por descubrir la voluntad de Dios para sus vidas. Van a la universidad bíblica, leen libros, reciben palabras proféticas y se preparan de todas las formas posibles. Pero cuando empieza a arderles la piel con el calor de la batalla, dejan sus armas y se retiran. Sé que este no es un mensaje de esos que te hacen sentir bien.

Siempre estamos buscando atajos, consejos, trucos, pero me temo que no hay forma de eludir este principio. Podrás tener dones y talentos extraordinarios, unción y bendición, pero sin persistencia tendrás poco impacto ya que las grandes victorias siempre están al otro lado de las grandes batallas. La palabra perseverar implica insistir, ser constante durante mucho tiempo. La victoria es para los que insisten en las batallas más severas, sin abandonar la lucha hasta llegar al otro lado tras atravesar la pelea.

R. Alec Mackenzie, que escribió mucho sobre el tema de la administración del tiempo, dijo: "La capacidad para concentrarnos, para perseverar en un determinado rumbo sin distraernos ni desviarnos, es un poder que les ha permitido a personas de capacidad moderada alcanzar niveles de logros que el genio no ha podido lograr. No hay fórmula secreta más que la de la perseverancia".[48]

Helen Hayes ganó muchos premios prestigiosos durante su carrera actoral de casi setenta años. Sin embargo, no atribuía su éxito al talento o a la capacidad. "Nada sirve si no perseveras".[49] El químico Luis Pasteur, que desarrollo el proceso de prevención de enfermedades que se conoce como pasteurización, dijo: "Mi fuerza reside únicamente en mi tenacidad".[50]

Aparentemente Sama no era el único de los hombres fuertes de David que sabía lo que significaba la persistencia. Dice la Biblia que Eleazar luchó durante tanto tiempo y con tanto ahínco en una batalla que su mano se le pegó a la espada (2 Samuel 23:10). Cuando se trata de cumplir la voluntad de Dios para tu vida la perseverancia no es opcional sino imperativa. Si Eleazar o Sama hubieran soltado sus espadas, o hubiesen dejado de pelear, el enemigo los habría matado. Si sueltas el llamado que Dios te dio, jamás podrás cumplirlo.

¿Qué hacer cuando la lucha es dura y agotadora? ¡Estar firmes y no abandonar! ¿Qué hacer cuando el enemigo empieza a atacar desde todos los ángulos? ¡Estar firmes y no abandonar! ¿Qué hacer cuando pasas por dificultades económicas, problemas de salud, traición, abandono, rechazo y dolor? ¡Estar firme y no abandonar! Quiero decirte que la batalla le pertenece al Señor y él la ganará a su tiempo. No nos toca cuestionar. Nos toca obedecer y estar firmes hasta que Dios otorgue la victoria.

Oro que estemos firmes, cada uno en su terreno, como lo hicieron los hombres fuertes de David, dispuestos a pelear a muerte por el reino de Dios. Y cuando llegue el día en que tengamos que dejar este mundo, pido que tengamos la espada pegada a los dedos, nuestros dedos ya inertes. Que no nos hallen al final sentados frente al televisor, sino con las botas puestas en el campo que Dios nos haya asignado. ¡Nunca abandones! ¡Nunca retrocedas! ¡Nunca te rindas ante el enemigo! Cumplir la voluntad de Dios para tu vida no solo tiene que ver contigo. Tiene que ver con tus hijos y tus nietos, y con el futuro del reino eterno de Dios. Así que ¡mantente firme! ¡Pelea! Persevera hasta el final. ¡Y Dios te dará la victoria en el nombre de Jesús!

~~Fin~~

El principio...

Escanea el código QR

o visita
Livebeforeyoudiebook.com/conclusion

NOTAS

1. U.S. Army Space Reference Text (Fort Leavenworth, KS: US Army Space Institute, 1993) http://www.fas.org/spp/military/docops/army/ref_text/chap6im.htm (acceso 15 de agosto de 2012).
2. National Weather Service, "Layers of the Atmosphere," [Servicio meteorológico, capas de la atmósfera] http://www.srh.noaa.gov/jetstream/atmos/layers.htm (acceso 15 de agosto de 2012).
3. Citado en Manual del discipulado, de Greg J. Ogden (CLIE, España, ISBN: 8482675028).
4. Healthsolution.in, "You Use 200 Muscles to Take One Step" [Usas 200 músculos para dar un paso], http://tinyurl.com/7s5y89g (acceso 21 de marzo de 2012).
5. Emmett L. Williams y George Mulfinger Jr., Physical Science for Christian Schools [Ciencia física para escuelas cristianas] (Greenville, SC:Bob Jones University Press, 1974), 628; Scott M. Huse, The Collapse of Evolution (Grand Rapids, MI: Baker Books, 1997).
6. Deane B. Judd y Günter Wyszecki, Color in Business, Science and Industry [El color en los negocios, la ciencia y la industria] Wiley Series in Pure and Applied Optics, Third Edition (New York: Wiley-Interscience, 1975), 388.
7. Howard Crosby Warren, Human Psychology [Psicología humana] (New York: Cornell University Library, 2009), p. 167.
8. Charles Darwin, El origen de las especies, edición del 150mo aniversario. En español: http://darwin-online.org.uk/converted/pdf/1921_OriginSpanish_F776.2.pdf (acceso 16 de abril de 2015).
9. Lucille Keir, Barbara A. Wise, Connie Krebs, y Cathy Kelley-Arney, Medical Assisting: Administrative and Clinical Competencies [El asistente médico: competencias administrativas y clínicas], Sixth edition (Australia: Cenage Learning, 2007), p. 377.
10. David G. Myers, Psicología (Ed. Panamericana, ISBN 9788479039172).
11. Tim LaHaye y David Noebel, Mind Siege (Nashville: Word Publishing, 2000), p. 45.
12. Scott Lafee, "Wellnews: All the News That's Fit," U-T San Diego, July 31, 2007, http://www.utsandiego.com/uniontrib /20070731/news_lz1c31wellnuz.html (acceso 16 de agosto de 2012).
13. Sandra Aamodt y Sam Wang, Entra en tu cerebro (Ed. S. A. Ediciones B, ISBN 9788466637381).

14. La clave del misterio de la vida, dirigido por Lad Allen (La Mirada, CA: Illustra Media, 2010), DVD.
15. Mark Eastman y Chuck Missler, The Creator Beyond Time and Space (Costa Mesa: CA: TWFT Publishers, 1996), p. 84.
16 Darrell L. Bock, Jesus According to Scripture (Grand Rapids, MI: Baker Academic, 1990).
17. Mark Martin, "The Secret to David Green's Successful 'Hobby,'" CBN News, November 6, 2010, http://www.cbn .com/cbnnews/finance/2010/November/The-Secret-to-David -Greens-Successful-Hobby/ (acceso 24 de octubre de 2012).
18. ChristiaNet.com, "Hobby Lobby CEO, David Green," http://christiannews.christianet.com/1096289115.htm (acceso 21 de agosto de 2012).
19. "Interview With Winifred Wentland CfaN's Field Director," http://www.bonnke.net/cfan/en/interviewww (acceso 21 de agosto de 2012).
20. Traducción libre de: "Su plan para mí", "His Plan for Me," autor anónimo. Citado en Jill Briscoe 8 Choices That Will Change a Woman's Life (New York: Howard Books, 2004), p. 198.
21. Ken Ham, The New Answers Book 3 (Green Forest, AR: New Leaf Publishing Group/Master Books, 2010). Opciones en español: https://answersingenesis.org/store/translations/spanish/#q=&sort=&start=0&count=72&ages=
22. Kathryn Kuhlman en un sermón subido a YouTube, 25 de diciembre de 2006 [en inglés] http://www.youtube.com/watch?v=xBpldBh346w (acceso 21 de agosto de 2012).
23. Traducción libre de: "Jesus, Use Me" by Billy Campbell, Herb Smith, and Jack Campbell. Copyright © 1951 Gospel Publishing House. Admin. The Lorenz Corporation. Todos los derechos reservados. Usado con permiso.
24. Kathryn Kuhlman y Jamie Buckingham, A Glimpse Into Glory (Alachua, FL: Bridge-Logos, 1983). Visto en Libros Google.
25. Reinhard Bonnke, Living a Life of Fire (Orlando, FL: E-R Productions LLC, 2010), p. 246.
26. Paul Lee Tan, Encyclopedia of 7700 Illustrations (Rockville, Maryland: Assurance Publishers, 1984), p. 1208.
27. Mission Aviation Fellowship, "Nate Saint," http://www.maf .org/about/history/nate-saint#.UDTsDKllRqM (acceso 22 de agosto de 2012).
28. Kendra Cherry, "Hierarchy of Needs: The Five Levels of Maslow's Hierarchy of Needs," http://psychology.about.com/od/theoriesofpersonality/a/hierarchyneeds.htm (acceso 22 de agosto de 2012). En español: http://es.wikipedia.org/wiki/Pir%C3%A1mide_de_Maslow (acceso 21 de abril de 2015).
29. A. W. Tozer, La búsqueda de Dios, p. 8. http://www.manantialdevida.net/horeb/archivos_pdf/busqueda_de_dios.pdf (acceso 22 de abril de 2015).
30. The Very Best of Winds of Worship (Double CD), copyright © 1998 Vineyard Music Group, "More Love, More Power" is dedicated to the memory of John Wimber (1934–1997), http://www.worship.co.za/series/mla-01.asp (acceso 22 de agosto de 2012).
31. Reinhard Bonnke y George Canty, El Espíritu Santo, revelación y revolución. (Ed. Desafío, ISBN: 9789587370454).
32. C. R. Lovell, Plants and the Skin (Oxford: Blackwell Scientific Publications, 1993).

33. François Fénelon, El anhelo del corazón. http://www.tesoroscristianos.net/autores/Libros%20recomendados/El%20Anhelo%20del%20Corazon.pdf (acceso 24 de abril de 2015)
34. Jack Canfield, Los principios del éxito (Harper Collins Publishers ISBN 0060777070).
35. Hara Estroff Marano, "Procrastination: Ten Things to Know," Psychology Today, August 23, 2003, http://www .psychologytoday.com/articles/200308/procrastination-ten -things-know (acceso 22 de agosto de 2012).
36. "The Procrastinator's Poem", anónimo, citado en Sermons Illustrated, BibleStudyTools.com, http://www .biblestudytools.com/pastor-resources/illustrations/ procrastination-11566723.html (acceso 22 de agosto de 2012).
37. Mack Tomlinson, In Light of Eternity: The Life of Leonard Ravenhill (Conway, AR: Free Grace Press, 2010).
38. Traducción libre de "Trust and Obey" by John H. Sammis. Dominio público.
39. Paul Washer, "A Sermon That Has Angered Many—Examine Yourself," predicado en Grace Community Church in San Antonio, Texas, http://media.sermonaudio.com/ mediapdf/5220621750.pdf (acceso 24 de agosto de 2012).
40. Citado en Charles Stanley: "When the Odds Are Against You," In Touch With Charles Stanley, LightSource .com, http://www.lightsource.com/devotionals/in-touch-with -charles-stanley/in-touch-feb-9-2010-11625982-11625982.html (acceso 24 de agosto de 2012).
41. Douglas Malloch, "Good Timber" citado en Al Bryant Sourcebook of Poetry (Grand Rapids, MI: Zondervan Publishing House, 1968), p. 456.
42. Traducción libre. Daniel Kolenda, Your Kingdom Come (Orlando, FL: E-R Productions, 2011), pp. 36-39.
43. Traducción libre de original en inglés tomado de: Edwin Markham quotes, ThinkExist.com, http://thinkexist .com/quotation/ah-great_it_is_to_believe_the_dream_as_we_stand/262707.html (acceso 24 de agosto de 2012).
44. Traducción libre de original en inglés tomado de: Susanna Wesley cita en Resource, July/August 1990, http://www.sermonillustrations.com/a-z/w/wesley_john.htm (acceso 24 de agosto de 2012).
45. Michael L. Brown, Go and Sin No More: A Call to Holiness (Ventura, CA: Regal, 2000).
46. Thomas de Kempis, La imitación de Cristo. Disponible en línea: http://biblio3.url.edu.gt/Libros/im_cri.pdf (acceso 5 de mayo de 2015).
47. John C. Maxwell, Liderazgo, Principios de oro, Grupo Nelson, ISBN 9781602550339 (traducción libre).
48. R. Alec Mackenzie, The Time Trap (New York: McGraw-Hill Book Company, 1975).
49. Cita de John Marks Templeton, Worldwide Laws of Life: 200 Eternal Spiritual Principles (Radnor, PA: Templeton Foundation Press, 1997).
50. http://es.wikiquote.org/wiki/Louis_Pasteur (acceso 5 de mayo de 2015).

¿Alguna vez has tratado de eliminar un mal hábito?

Aunque te propongas superarlo a pura fuerza de voluntad, de repente, ¡ahí está otra vez!

¿Alguna vez has tenido pensamientos que, si se oyeran en altavoces, te harían sonrojar?

Experiencias como esta expresan la brecha que existe entre lo que somos y lo que queremos ser.

Este libro tiene que ver con la reducción de esa brecha.

En una serie de imágenes y parábolas, la vida cristiana se presenta no como un deber triste, sino como una aventura de fe que se vive cada día con la guía y el poder de la presencia interior de Cristo.

***La mente renovada* aborda cinco áreas principales de la experiencia espiritual:**

• La dependencia de Dios • Frente a los desafíos
• Paciencia • Disciplina • Oración

Estudió en el Luther Theological Seminary, fue ordenado al ministerio luterano y pastoreó la Iglesia Luterana Trinitaria de San Pedro (California) en 1960. Por la lectura de los libros de Agnes Sanford (1897-1982), comenzó a interesarse por el pentecostalismo. En 1961, mientras estaba de visita en la iglesia del Evangelio Cuadrangular, fue bautizado en el Espíritu Santo y empezó a hablar en lenguas. A partir de entonces se convirtió en el líder del movimiento de renovación carismática dentro del luteranismo norteamericano. Organizó el Servicio de Renovación Carismática, cuya influencia ha sido muy sentida en los carismáticos de todo el mundo.

Otro libro de: www.editorialniveluno.com *Para vivir la Palabra*